JN292999

国際マクロ
経済学

世界経済の動向と日本経済

末永勝昭 著

税務経理協会

まえがき

　21世紀に入り世界経済の動向は大きく変わりつつある。今日まで世界経済を牽引してきたアメリカ経済が2007年のサブプライムローン問題や2008年のリーマンブラザーズ証券問題を契機に大きく変調をきたし，その中で，中国，インド，ロシア，ブラジルなどの「新興経済諸国」（BRICs）が台頭して世界経済の動向に大きな影響を持つようになってきた。また，ギリシャの財政赤字問題で大きく揺れた欧州連合（EU）の統一通貨「ユーロ」危機も峠を越してきた観があり，世界経済の潮流は，従来のアメリカ"一極集中"型の成長から北米地域，欧州地域，そして新興経済諸国を含むアジア地域による"多極（三極）分散"型の経済成長へと移行しつつあるように思える。

　1989年11月のベルリンの壁崩壊以降，社会主義諸国の解体と市場経済化の急速な進展の中で進んできた"経済のグローバル化"（EG：Economic Globalization)，およびアメリカの"情報通信技術革命"（ITR：Information Technology Revolution）の急速な普及により世界中が密接（瞬時）な繋がりを持つようになり，国家間の経済の垣根が低くなり"経済の国際化"，つまり「ボーダーレス」（Borderless）経済化が進むようになり，世界経済の様相が大きく様変わりしつつある中で，日本経済の動向が注目される。

　ところで，我が国のGDP（国内総生産）は，1968年に先進国イギリス，ドイツ，フランスを抜いて世界第2位の経済大国になった。世界第1位はアメリカである。我が国は，戦後の廃墟の中から経済を復興させて，1950年代の中頃から1970年代初期までの「高度経済成長」の実現を経て，その後のオイル・ショックを乗り越え，1980年代の経済的繁栄（その最たるものが1986年の先進国の中での1人当たりGDPがアメリカを抜いて世界第1位になったことである）を実現してきた。その後，バブル経済とその崩壊を経て「失われた20年」および1996

年以降に「デフレ経済」を経験しているが，日本の持つ「潜在力」(Potential Capacity) は健在であり，この潜在力の源泉は「日本人の勤勉さと誠実さ」「海や自然環境に恵まれた風土」「未知の世界への探求心と向上心」である。これらに今日までに培ってきた多くの高度な最先端技術やバイオ技術を生かした高品質・高付加価値農作物の生産や食品開発，医薬品開発，および日本独特の文化・芸術・アニメ等々の優れた技能を生かしていけば"真の意味"での先進国として世界貢献ができる文化・産業国家になるものと考えられる。

＜成熟型産業国家の構築＞

　戦後我が国は，欧米先進諸国からの生産技術の導入や国民の勤勉性と倹約による高い貯蓄率を活かして高度経済成長を実現してきた。国内貯蓄率の高さが日本国内での産業資金の供給源となり世界有数の輸出大国を築いてきた。ただし，我が国が先進諸国に"キャッチアップ"した1980年代の後半の段階で輸出（外需）主導の経済成長から内需とのバランスのとれた"成熟型国家"としての"世界の消費センター"（輸入国）へと方向転換すべきであった。世界第2位の経済大国としての責務，それは国内産業を育てて"魅力ある国内市場"を創造し，輸出で稼いだ莫大な外貨で世界から様々な商品を輸入するという世界の消費大国（輸入大国）としての成熟国家である。これにより輸出で稼いだ外貨が輸入により世界に還元され，我が国のみならず世界経済の発展へと寄与していったものと考えられる。

　輸出で国内経済を牽引して外貨を稼ぐという発展途上国型の産業構造から，外貨を国内投資に使う，あるいは海外からの対内投資を呼び寄せることができる新産業創出型の魅力ある成熟国家として世界経済をリードしていく国家を創造していくことが重要な課題である。我が国政府が有する外貨準備高は約100兆円と先進国の中で群を抜いている。対外純資産は約253兆円（2011年）で21年間連続してトップを記録している。だが，その実体は「対外直接投資」(outward direct investment) に比べて「対内直接投資」(inward direct investment) が極端に少ないという現実がある。我が国の国内市場が海外の投資家にとっていかに魅

まえがき

力的でないかの証明でもある。「産業の空洞化」(industrial hollowing) を始めとして国内でのビジネスがいかに魅力に欠けているかの証明にもなっている。

　日本経済が持続的な経済成長を実現していくためには新産業を生み出していくための国内基盤の整備が前提となる。そのためには規制の撤廃や規制緩和などを推し進めて，新産業の創設，海外から"ヒト・モノ・カネ"を呼び込める魅力ある市場の形成が前提となる。少子高齢化が急速に進行している我が国の場合，家計の貯蓄率は急速に低下してきており，近い将来，経常収支も悪化していく可能性が高い。対外純資産が豊富であるから大丈夫という楽観的意見も散見される。しかし，経済活性化は"モノづくり"が基盤である。雇用を創出していく"雇用創出型"の「経済構造改革」が課題となる。

　このように，海外から人や物および資金を呼び寄せて国内経済を活性化させて雇用機会を広げていくことが真の意味での成熟国家のあるべき姿である。かつてイギリスのサッチャー首相が「金融ビッグバン」（金融の自由化）政策を推し進めてイギリスの金融街ロンドン・シティを世界トップクラスの金融センターに育て上げようとしてイギリス経済の再生に貢献したように，我が国も市場開放および国内の高コスト構造を改善することで海外から多くの資本や企業を呼び込んで国内経済の活性化を実現することが喫緊の課題となる[1]。

　先進国の中で世界第一の「債務大国」アメリカが海外資金を活用して国内経済を活性化しているのと対照的に，世界最大の「債権大国」日本が産業の空洞化やデフレ経済に苦しんでいるのは何故なのか，真剣に考える必要がある。

　本書は，このような問題意識の下で，日本経済の現状と課題を分析しながら

---

[1] なお，我が国では1996年11月に当時の橋本内閣の下で，2001年までに東京市場をイギリスのロンドン・シティ，アメリカのニューヨーク・ウォール街に並ぶ世界の三大国際金融センターに育成することを目標に金融システム改革が行われた。当時の我が国の金融システムは銀行を中心とした間接金融が中心で，中央銀行統制型の「護送船団方式」の金融行政の下で運営されていた。金融システムの改革により「銀行業務」，「証券業務」，「保険業務」等の業界間相互乗り入れを可能にする規制緩和を行い，我が国の金融システムを世界の三大金融センターに育てあげようとした。これが日本版「金融ビッグバン」(Financial Big Ban) である。

世界経済の新潮流の中で，いかにして日本経済を再生させていくかという点に焦点を絞って，国際マクロ経済の問題を考察していく。

＜国際マクロ経済学の概要＞

　国際マクロ経済学は，海外との経済取引を考察の対象とするので，究極的には外国為替レートの問題が議論の中心になってくる。為替レートは，基本的には海外貿易や資本取引といった経済取引を反映した形で外国為替市場で決定されるが，今日では国際資本の動きが活発になってきており，国際資本の投機的動きが為替レートに大きな影響を及ぼし，各国の実体経済に深刻な影響を与えている。

　したがって，為替レートを外国為替市場での決定に委ねる"変動相場制度"を採用している国々も「国際通貨基金」（IMF）協定[2]に基づいて，投機的動きによる短期的な為替レートの変動（乱高下）を防止するために通貨当局（中央銀行）による「為替介入」(exchange intervention) あるいは「市場介入」(market intervention) を実施することで，自国の産業や国内経済を護っている。但し，通貨当局による為替介入は外貨（例えば，ドル通貨）と当該国の通貨（円）との売買を通じた政策であるので，当該国の通貨当局（中央銀行）が発行する基本通貨（これを，「ベース・マネー」(Base Money)，あるいは「ハイパワード・マネー」(High-Powered Money) と呼ぶ）に影響を与え，さらに市場で流通している通貨量「マネー・サプライ」（通貨供給量：money supply）に影響して実体経済に大きな影響を及ぼすことがある。

2）国際通貨基金（IMF：International Monetary Fund））は，1945年12月に発効されたIMF協定に基づいて1946年3月に設立され，1947年3月に業務を開始した。国際連合の専門機関。本部は，アメリカのワシントンにある。2011年9月現在，187ヵ国が加盟している。我が国は，1952年に加盟している。

　このIMF協定は，IMF設立の目的などを定めたもので，通貨と為替相場の安定を基本目的としている。具体的には，為替相場の安定化のために，加盟国の国際収支が悪化した場合に融資などを行うことで，国際貿易を促進させ加盟国の雇用や所得を増加させることを目的としている。また，各国の為替政策の監視なども行っている。

まえがき

　本書の目的は，国際的な経済取引を通じて派生していく「マネー」の動きを通じて，各国の実体経済がどのような状況に陥っているかを明らかにすることにある。先進国の中で「世界一の債権大国」の日本が「世界一の債務大国」であるアメリカの経済より国内経済が長期にわたって疲弊して，最悪のデフレ経済に陥っているのは何故なのか，その原因について考察することでもある。

　なお，2020年に東京でオリンピックが開催される。1964年に行われた東京五輪以来56年ぶりの開催である。

　東京オリンピック開催による経済効果について，様々な試算が行われている。一説によると，オリンピック開催までの7年間に約150兆円〜200兆円規模の経済波及効果が見込まれるという試算もある。

　バブル経済崩壊後の長期停滞・デフレ経済に苦しむ日本経済にとって，東京オリンピックは経済再生への千載一遇のチャンスでもある。これを機に，徹底した「構造改革」を望むものである。

〔本書の構成〕

　前回出版したテキスト『マクロ経済学』は，海外部門を考慮しない国内経済のみの「閉鎖経済」(closed economy)体系の世界での経済政策の効果（政策の有効性）について考察してきた。しかし，現代社会では，海外との経済取引（貿易や金融等）が一般的で，外国との経済関係を抜きにして国内経済の発展はあり得ない。特に，我が国日本は先進諸国の中で世界第2位の経済大国であり海外との結びつきが強く，外国の経済動向が我が国経済へ直接的な影響をもたらすと同時に我が国の経済事情が海外諸国へ波及することも事実である。

　このような我が国経済と海外との"相互依存関係"(mutual-dependence relation)が密接になる中で，マクロ経済学体系における海外との貿易や金融等の経済取引を明示的に取り入れながらマクロ経済の課題やマクロ経済政策の効果などについて考察していく領域が，「国際マクロ経済学」(open-macroeconomics)である。

　本書は二部構成になっている。第Ⅰ部では，グローバル経済化が急速に進む中での最近の世界の新しい動き（世界経済の新潮流）や日本経済の動向について

金融の側面から考察した。また，第Ⅱ部では，国際化の進展の中でこれからの経済学は世界経済の動向抜きでは語れないという問題意識の下で「国際マクロ経済学」の基礎概念と基礎理論について考察する。なお，国際マクロ経済学では，海外との経済取引を前提とした一国全体の経済問題が研究対象となるので，「国際収支表」と「国際収支の諸概念」等々の国際マクロ経済の統計指標の動きが分析対象になる。国際収支表については第7章で解説する。

　最後に，本書が成るに当たっては，税務経理協会の峯村英治氏の存在に負うところが大きい。峯村氏との出会いは約17年位前にさかのぼるが，前著『マクロ経済学』（平成11年11月刊行）の出版の後，幾度か続編の出版の機会を頂いていたが時間の制約もあって実現できなかった。一昨年の7月に峯村氏とお会いする機会があり出版の約束をしたが，本書が出来上がるまでに，さらに2年近く経過した。その間，峯村氏は辛抱強く待たれ，今回の出版に至った。本書が日の目を見るに至ったのは，峯村氏との出会いと出版の機会を頂いたことである。ここに紙面をお借りして，心よりお礼を申し上げる次第である。

2013年10月

末永　勝昭

目　次

まえがき

第 I 部
世界経済の動向と日本経済

第 1 章　世界経済の新潮流
― グローバル経済化と新しい動き ―

第 1 節　一極集中型から多極分散型への世界の経済成長モデル……… 3
　　1　経済のグローバル化と世界経済の新潮流………………………… 4
　　2　20世紀型成長モデルから21世紀型成長モデルへの転換 ………… 5
　　3　一極集中型から多極分散型へ……………………………………… 6
第 2 節　グローバル経済化と金融市場………………………………………… 6
　　1　新興経済諸国（BRICs）を中心とする成長モデル ……………… 7
　　2　金融のグローバル化と新興経済諸国（BRICs）の台頭 ………… 8
第 3 節　アメリカ経済の光芒　―アメリカ経済の変遷とその戦略―……… 9
　　1　1980年代のアメリカ経済……………………………………………10
　　2　1990年代のアメリカ経済の復活……………………………………11
　　3　日本とアメリカの関係　―世界経済の不均衡問題―……………13
第 4 節　欧州連合（EU）と通貨統合…………………………………………16
　　1　欧州連合（EU）と統一通貨ユーロ………………………………16
　　2　欧州中央銀行（ECB）………………………………………………17

  3 統一通貨ユーロ導入の効果……………………………………………18
第5節 世界経済の不均衡問題……………………………………………19

第2章 日本経済の動向
—現状と課題—

第1節 日本経済の現状………………………………………………………21
  1 日本経済の潜在成長力……………………………………………22
  2 日本経済の低成長と構造問題……………………………………23
第2節 外需主導型経済と円高デフレ………………………………………24
  1 外需主導の経済成長………………………………………………24
  2 輸出と外貨（対外資産）増殖の悪循環…………………………25
  3 外需主導型経済と円高デフレ……………………………………27
第3節 円高とデフレーション………………………………………………33
  1 第1次石油ショックによる円高…………………………………33
  2 プラザ合意による円高とバブル経済……………………………34
  3 日本の金融市場の問題点…………………………………………35
第4節 バブル経済の崩壊と低成長経済……………………………………35
  1 バブル崩壊後の円高………………………………………………36
  2 東南アジア地域への工場移転と産業の空洞化…………………36
  3 円高進行によるドル建て資産の目減り…………………………38
  4 対　外　純　資　産…………………………………………………39
第5節 日本経済の今後の検討課題…………………………………………40

第3章 日本経済と金融市場

第1節 金融と金融市場………………………………………………………44
  1 金　融　の　定　義…………………………………………………45
  2 金融システム………………………………………………………46

目次

  3 金 融 市 場……………………………………………46
  4 融 資 と 出 資………………………………………48
 第2節 通貨の供給 —マネー・サプライの測定—………………49
  1 マネー・サプライの概念……………………………49
  2 通貨供給のメカニズム………………………………50
  3 信用創造と通貨乗数…………………………………51
  4 ベース・マネー………………………………………53
 第3節 金融政策の目的と手段………………………………54
  1 公定歩合操作政策……………………………………55
  2 公開市場操作政策……………………………………56
  3 支払い準備率操作政策………………………………57
 第4節 日本経済と金融政策…………………………………58
  1 伝統的金融政策と非伝統的金融政策………………59
  2 ゼロ金利政策と量的金融緩和政策…………………60
  3 流 動 性 の 罠………………………………………61
  4 量的金融緩和政策……………………………………62
 第5節 デフレ経済からの脱却のための手段………………63
  1 非伝統的金融政策の実施……………………………63
  2 金融の量的緩和政策導入の背景……………………63
  3 時間軸政策としての量的金融緩和政策……………64
  4 金融の量的緩和政策の具体的方法…………………65
  5 量的金融緩和政策の問題点…………………………66
 第6節 インフレ・ターゲティング論………………………67
  1 名目利子率と実質利子率……………………………67
  2 貨幣と物価の遮断 —デフレ・スパイラルの淵—……68

第4章　我が国の金融システム改革

第1節　銀行を仲介とする間接金融システム …………………76
 1　銀行の信用創造機能………………………………………76
 2　信用乗数の低下……………………………………………77
第2節　我が国における金融制度改革 …………………………78
 　─金融の自由化（金融ビッグバン）─
 1　金融ビッグバン……………………………………………78
 2　金融行政の変化……………………………………………79
第3節　金融機関の健全性とＢＩＳ基準（自己資本比率）………79
 1　自己資本比率………………………………………………79
 2　自己資本比率と信用創造…………………………………81

第Ⅱ部
国際マクロ経済学

第5章　マクロ経済分析のフレーム・ワーク

第1節　マクロ経済の均衡 ………………………………………85
 　─マクロ経済の総需要と総供給の均衡（バランス）─
 1　総供給と総需要……………………………………………86
 2　総供給と総需要の均衡のケース…………………………87
第2節　総需要の決定要因と経済の不安定化 …………………90
 1　総供給と総需要の不均衡のケース………………………90
 2　総供給と総需要の不均衡調整の手段としてのマクロ経済政策………91

目　次

第6章　国際マクロ経済学の分析視点
―オープン・マクロ経済の分析枠組み―

第1節　マクロ不均衡と経常収支 …………………………………93
　　1　マクロ不均衡と経常収支………………………………………94
　　2　世界経済の不均衡問題 ―日米の経済不均衡問題― ………95
第2節　経常収支と貯蓄・投資バランス…………………………97
　　　　―マクロ・バランス式と資金の流れ―
　　1　貯蓄・投資のバランス…………………………………………97
　　2　経常収支と金融資産の動向 ―経常収支と債権・債務関係―………98
第3節　マクロ経済の部門別収支バランス式 ……………………99

第7章　国　際　収　支

第1節　国際収支の構成要素 ……………………………… 104
　　1　国際収支の諸概念……………………………………… 105
　　2　経　常　収　支………………………………………… 105
　　3　資　本　収　支………………………………………… 107
　　4　外貨準備増減…………………………………………… 107
　　5　誤　差　脱　漏………………………………………… 108
　補　論　経常収支と資本収支の関係……………………… 110
　　　　―経常収支と資本収支のバランス―
第2節　経常収支の不均衡問題 …………………………… 111
　補　論　Jカーブ効果 ……………………………………… 113
　　　　―為替レートによる経常収支不均衡調整の短期効果―

第8章　外国為替市場

第1節　外国為替レート ……………………………………… 118
第2節　外国為替レートの決定理論 ………………………… 120
第3節　外国通貨の決定要因 ………………………………… 123
　　1　外国通貨の需要と供給の決定要因 …………………… 124
　　2　外国為替レートの決定要因 …………………………… 125
第4節　内外価格差と構造改革 ……………………………… 136

第9章　国際通貨制度

第1節　国際通貨制度とその変遷 …………………………… 143
　　1　国 際 通 貨 ……………………………………………… 143
　　2　金 本 位 制 度 …………………………………………… 144
　　3　管理通貨制度 …………………………………………… 146
　　4　戦後の国際通貨制度 ―ブレトンウッズ体制― …… 147
第2節　変動為替相場制度と固定為替相場制度 …………… 149
　　1　変動為替相場制度 ……………………………………… 150
　　2　固定為替相場制度 ……………………………………… 151
　　3　変動相場制度と固定相場制度の長所と短所 ………… 152
第3節　国際通貨制度の三位一体説 ………………………… 158

第10章　中央銀行の市場介入と政策効果

第1節　中央銀行の為替政策 ………………………………… 163
　　1　市場介入の方法とその財源 …………………………… 164
　　2　市場介入資金の管理 …………………………………… 168

第2節　中央銀行の市場介入と経済波及効果 …………………… 169
　　　1　不胎化介入政策………………………………………………… 170
　　　2　非不胎化介入政策……………………………………………… 172

第11章　外国為替レートと経済政策の効果

　　第1節　生産物市場と貨幣市場の同時均衡分析 ………………… 180
　　　　　　　　―ＩＳ・ＬＭモデル―
　　　1　ＩＳ・ＬＭモデル……………………………………………… 180
　　　2　生産物市場（ＩＳ曲線）と貨幣市場（ＬＭ曲線）の同時均衡…… 182
　　第2節　ＩＳ・ＬＭ分析と経済政策の効果 ……………………… 182
　　第3節　オープン・マクロ経済と経済政策の有効性 …………… 188
　　　　　　　　―マンデル・フレミングモデル―
　　　1　変動為替相場制度……………………………………………… 189
　　　2　固定為替相場制度……………………………………………… 195

　索　引 ………………………………………………………………… 203

第Ⅰ部
世界経済の動向と日本経済

第1章　世界経済の新潮流
―グローバル経済化と新しい動き―

　現代の国際経済社会では，国境を越えて経済活動を行う"経済の国際化"，つまり経済のグローバル化（economic globalization）が進んでいる。

　経済のグローバル化とは，経済活動が国境を越えて全地球的規模にまで拡大し，世界市場の相互依存度が強くなり，徐々に統合されたものになっていくことを意味している。特に，最近の経済のグローバル化を促進させてきたものは，1990年の東西ドイツ再統一（1989年11月9日のベルリンの壁の崩壊），1991年のソ連の崩壊を契機とした東西冷戦の終焉と，アメリカ発のＩＴ（情報技術）革命の急速な進展，および地球規模での金融取引の普及である。インターネットをはじめとするコンピュータ・ネットワークの深化により，世界規模でのグローバルマーケットが形成されるようになった。特に，世界の金融センターでは東京とロンドン，ニューヨーク，香港等々の世界の金融市場の間で瞬時に取引が行われ，むしろ金融の世界での"連結"が緊密になってきている。

　このように，貿易（財・サービスの取引）や国際的な金融・資本取引等の国境を越えた経済取引が急速に進展して，世界経済の相互依存関係が密接になって世界の市場が一体化してくることが「経済の国際化」，「グローバル経済化」の特徴でもある。

　本章では，現代の世界経済の動向を，米国及び最近著しい経済成長をしている「新興経済諸国」（BRICs）や欧州連合（EU）の統一通貨"ユーロ圏"を中心に分析して，世界経済の現状と今後の課題について考察する。

第1節　一極集中型から多極分散型への世界の経済成長モデル

　20世紀後半から21世紀始めに至る近年の世界経済の動向の一つの特徴は，

第Ⅰ部　世界経済の動向と日本経済

1990年の東西冷戦の終結と旧社会主義経済諸国の崩壊に伴う自由主義・資本主義経済圏の拡大による世界経済の地球規模（global）での経済統合である。

また，グローバル経済化の一つの出来事は，新興経済諸国（BRICs）の台頭や欧州連合（EU）の結成である。所謂，アメリカへの"一極集中"型世界経済成長モデルから日米欧及び新興経済諸国（BRICs）の"多極分散"型経済成長への移行である。

1　経済のグローバル化と世界経済の新潮流

＜新興経済諸国（BRICs）の台頭と欧州連合（EU）の結成＞

近年の世界経済の動向の大きな特徴は，経済のグローバル化と東南アジアや南米の新興国の急成長である。その中で，特に新興経済諸国（BRICs）と言われる国々の台頭，および欧州連合（EU）の結成と統一通貨ユーロの導入による統一通貨圏・広域経済圏が形成されて世界経済に大きな影響力を持ってきたことであろう。特に，アメリカ経済の衰えは，これまでのアメリカ"一極集中"型経済発展から日米欧および新興経済諸国への"多極分散"型の経済発展へと「世界経済の構造変化」という世界経済の新潮流として読み取ることができることである。

＜新興経済諸国（BRICs）の台頭＞

特に，BRICs諸国，すなわちブラジル（Brazil），ロシア（Russia），インド（India），中国（China）などの新興経済諸国は経済成長が著しく，世界で大量のドル通貨を保有しており，世界経済に大きな影響力を与えるまでになっている。

これらの国々に共通しているものは，(1)広大な国土を保有し，(2)多数の人口を擁していること，(3)国内に豊富な天然資源（石油，天然ガス，鉄鉱石など）が存在していることである。これらの国々の世界経済に占める割合は，人口が約42％，国土面積が約29％で，世界の中での存在感が圧倒的に大きなことである。そして，BRICs諸国はこれまでの過去10年ほどの間に，

(1) 国内経済を開放して自由化，市場経済化などの様々な改革を行ったこと
(2) 国内の豊富な資源を輸出して，外貨を稼ぎ（巨額の外貨を保有），国内経済を成長させていること，である。

　さらに，これからの見通しとしては，国内の経済成長が国民の所得水準を著しく向上させて，世界経済をリード（牽引）していくような世界の「一大消費大国」，アメリカに代わりうる世界の「輸入大国」になる可能性を秘めていることである。また，成長著しい東南アジア諸国は，近年の経済成長に伴って国民の所得水準が拡大しており，需要が急拡大している。中間層・富裕層の増大で，アジア諸国は世界の巨大な「消費センター」（消費大国）に変化しつつある。

2　20世紀型成長モデルから21世紀型成長モデルへの転換

　20世紀の世界経済の成長モデルは，アメリカを中心とした一極集中の"雁行型"成長モデルとして表現することができよう。

　すなわち，アメリカ経済は，1980年代から世界中から膨大な物資を輸入して巨額の貿易収支の赤字を抱え込んできた。これによってアメリカは世界の消費センターとして，世界の経済成長の牽引役を果たしてきた。具体的には，1980年に共和党のロナルド・レーガン（Ronald Wilson Reagan）が大統領に就任して，強いアメリカを標榜して巨額の軍事支出を行い，国内景気対策として大幅な減税政策を実施して，結果的に莫大な財政赤字を生み出した。財政赤字の拡大は，国内金融市場での金利上昇を誘引し，米国の高金利が海外から巨額の投資資金を呼び込むことでドル暴落を未然に防いできた。

　このような「巨額の貿易収支（経常収支）の赤字」と「巨額の財政収支の赤字」という，アメリカ経済が抱える所謂「双子の赤字」（twin deficits）が，世界経済の成長発展の原動力になってきた。

　ところが，2007年にアメリカで起きたサブプライムローン証券化商品の値下がりによる米国金融機関の巨額の損失発生が，欧米金融機関の自己資本不足と急激な信用収縮を引き起こし，さらに欧米の金融機能の麻痺が「世界同時不況」発生へと連動していった。また，2008年の米リーマンブラザーズ証券会社

の経営破綻が「世界金融危機」を誘発し，アメリカ経済の信用低下と弱体化を誘引している。

3　一極集中型から多極分散型へ

このように世界経済の成長モデルは，20世紀後半のアメリカを中心とする「一極集中」型から，21世紀前半にはアメリカ，カナダ，メキシコを中心とする北米地域，ＥＣ諸国の欧州地域，そして日本を始めとして地理的に近い中国，ロシア，インドの新興経済諸国のアジア地域の「多極分散」（三極分散）型経済圏域への移行が進行していることであろう。

第2節　グローバル経済化と金融市場

21世紀にグローバル経済化が急速に進む中で，その影響が最も大きく表れているのが金融市場である。

世界経済のグローバル化，インターネット化が進む中で，金融市場は国際的に統合されてきている。すなわち，金融（金利，為替レート）を通じて，世界経済は「相互依存関係」を益々強くしてきており，世界の「金利」の動きが国際資本の移動を活発化させ，「為替レート」の変動が各国の対外取引（貿易や資本取引）に大きな影響を与えるようになってきた。

例えば，2007年のサブプライムローン問題を契機とした世界同時不況，さらに2008年のリーマンブラザーズ証券会社の経営破綻に端を発したアメリカの金融危機がヨーロッパへと波及し世界金融危機を誘発した。金融の世界経済への急速な「伝播」（propagation）が近年の特徴になっている。これは，21世紀に入って一段と鮮明になってきている世界経済のグローバル化の動きが世界の金融市場に波及してきたものと考えられる。国際的な金融の「連動性」（coupling）が日々強まってきている証左でもあろう。

1 新興経済諸国(BRICs)を中心とする成長モデル

グローバル経済化,あるいはボーダーレス(borderless)経済化は,経済の国境をなくしてモノやサービスの移動をスムーズにして,併せて人やお金の動きを活発化させ,世界の経済的な結びつきを強め,世界経済を発展させていく。21世紀に入ってのグローバル経済の動きの中心は「新興経済大国」(BRICs)と呼ばれる国々の動向である。サブプライムローン問題から派生したリーマンブラザーズ証券会社の経営破綻による金融危機によってアメリカの景気が減速しても新興経済諸国(BRICs)が世界の景気を下支えし牽引していく限り,世界経済はさらなる成長を約束されるという,世界経済の新潮流の下で,従来の所謂「カップリング」論[1](世界経済は密接に結びついているという世界経済の連動理論)の是非が議論されるようになった。

A デーカップリング論

米国を始めとして日本,欧州諸国の先進国の景気が急速に減速する中で,中国を始めとする新興経済諸国(BRICs)が順調な経済成長を実現していく限り世界経済は安泰であるという主張が「デーカップリング」(de-coupling)論である[2]。

例えば,米国の2007年のサブプライムローン問題に端を発した世界同時不況や2008年のリーマンブラザーズ証券会社の倒産等を引き金とした世界金融危機後の欧米経済の景気低迷の中で,2009年3月以降,中国などの新興国市場は急速に成長路線に復帰して安定した経済成長を維持してきたことが,これからは新興国経済諸国(BRICs)が世界経済を牽引していくとの期待感を高めて,世界経済の「非連動-分離-」(デーカップリング)論が主張されるようになった。

すなわち,たとえ米国経済が減速しても,中国やインド,ロシア,ブラジルなどのBRICs(新興経済諸国)やEU(欧州諸国)が経済成長している限り,世界経済は衰退せずに成長していくから安泰であるという「非連動-分離-」理論である。IMF(国際通貨基金)が,2007年の世界経済の見通しの中で,

今後アメリカ経済と世界経済の連動性が弱まっていくと指摘したことが根拠となった理論である。

2　金融のグローバル化と新興経済諸国（BRICs）の台頭

これまでのような，アメリカを中心とした世界経済の"一極集中"的な発展ではなく，新興経済諸国やEU諸国，日本などが地域分散的に経済成長を続けていけば世界経済は安泰であるという，21世紀型の"多極分散"型の世界成長モデルともいえる。新興国の経済的な重要性が高まってきたために，アメリカの景気と世界各国の景気の連動性が弱まってきたという論調の中で唱えられてきている。新興経済諸国の経済成長とそれに伴う所得水準の向上が，世界からの輸入を拡大させていること。それとは逆に，世界各国がアメリカへの輸出依存度を低下させていること等を背景とした理論である。

B　リーカップル論

これに対して「リーカップル」(re-couple) 論は，アメリカや日本，ヨーロッパ諸国と新興経済諸国（BRICs）とは互いに密接な関係にあり，アメリカ経済が減速したらその影響が中国やインド，ロシアなどのBRICs諸国にも波及していくという考えで，所謂「再－連動（非－分離）」(re-couple) 論である。例えば，国際的な金融取引（国際資本の流れ）を見れば分かるように，アメリカや日本，ヨーロッパ諸国とBRICs諸国とは「金融」を軸に密接に連動しており，アメリカ経済が不況に陥れば，金融の流れからいずれは他の諸国，特に新興経済諸国（BRICs）へも波及していき，世界経済の同時不況が起こり得るという理論である。米国経済の金融リスクが世界経済の不況へと波及した事例を背景に唱えられた理論である。

このような米国経済の減速が，世界経済全体の景気を悪化させるという「再－連動」（非－分離）」(re-couple) 理論がデーカップリング論とは対立軸として主張されている。経済のグローバル化，及び金融のグローバル化が進んだ現代では，世界の景気動向が瞬く間に世界中に波及していく時代でもある。

第1章 世界経済の新潮流

いずれにしても，経済の国境がなくなり（ボーダーレス経済化），地球規模での経済取引，金融取引が進行している（グローバル経済化）現代の世界経済の潮流の中で，20世紀を牽引してきた世界の経済大国アメリカ，基軸通貨国アメリカの存在は無視できないし，世界に先駆けて「情報技術」（ＩＴ）革命を成し遂げて世界経済をリードしていくアメリカという国をもっと知る必要があろう。

次節では，アメリカ経済のこれまでの足跡（アメリカの光と影）を検証して，今後の世界経済に及ぼす影響について考察する。

第3節　アメリカ経済の光芒
―アメリカ経済の変遷とその戦略―

アメリカ経済は，1970年代から80年代にかけて現在の日本経済のように深刻な景気後退に遭遇していた。すなわち「スタグフレーション（stagflation）」（失業率の上昇とインフレーションの同時進行）[3]の発生，金融システムの問題，企業の国際競争力の低下，および巨額の財政赤字と経常収支の赤字（双子の赤字）問題などである。アメリカの経済政策の国際的な信頼性（reliability）は低下していた。

その後，1990年代にアメリカ経済は見事に復活した。その要因は，次の3点に要約される。

1．製造業の競争力の回復。これは，85年の「プラザ合意」のドル高是正の協調介入以降のドル安誘導政策と90年代のＩＴ技術革命と金融商品の開発等々の新市場の開拓等々が考えられる。
2．1990年代に入り，政府主導で情報技術分野，通信分野，及び金融分野を21世紀の重要産業と位置づけて育成強化したこと。
3．政府が明確な国家戦略の下で，民間主導の経済成長戦略を打ち出したことが考えられる。また，政府自身が"経済再生"を目指して最大限の努力をした。

このように，アメリカ経済は80年代の苦悩の時代を経て90年代に不況なしの「ニュー・エコノミー」（new economy）の経済繁栄の時代を築くことに成功し

た。以下では，アメリカ経済の復活（再生）のプロセスについて概観してみる。

1　1980年代のアメリカ経済

A　R. W. レーガン大統領の経済政策「レーガノミクス」

　1980年，日本やドイツの経済復興と国際競争力の向上による貿易摩擦とスタグフレーション（インフレと不況の同時進行）に悩まされたアメリカ経済を蘇生させるために"強いアメリカ"を標榜して大統領に当選した共和党のロナルド・レーガン（Ronald Wilson Reagan）は，「小さな政府」をスローガンにして，大規模な減税と規制緩和，政府の財政支出の削減を柱とした「供給サイド」（サプライ・サイド）重視のマクロ経済政策，通称「レーガノミクス」（Reaganomics）を提唱した。

　1981年2月，レーガン大統領は，アメリカ経済の再生を目的に「経済再生計画」(a Program for Economic Recovery) を議会に提出した。

　その概要は，(1)政府支出の大幅削減，(2)勤労意欲を高めるための所得税減税の実施，企業の設備投資の促進や新技術の開発による生産能力拡大と生産性向上（経済活性化戦略），(3)政府の規制緩和の実施による民間活力の育成，から成っている。所謂，供給サイド（supply side）重視の「サプライ・サイド」政策の推進である。しかし，このようなレーガンの経済政策は一見成功したかに見えたが，その反動は大きく，その後のアメリカ経済や世界経済に大きな影響を与えることになる。

　すなわち，大幅減税や軍事支出で連邦政府の財政赤字は拡大し国内金利が上昇した。高金利は行き過ぎたドル高を生み，アメリカ産業の国際競争力は低下することになる。特に，ドル高による自動車産業などの製造業や農業の国際競争力は低下し，海外からの輸入攻勢，特に日本からの集中豪雨的な輸入攻勢によって大きな打撃を受けた。また，アメリカは1980年代の前半はインフレ抑制政策として高金利政策を実施し，この高金利政策は海外からの投資を呼び込みドル高となっていた。このドル高政策は，輸出産業の国際競争力の低下と輸入増加をもたらして，アメリカの貿易赤字は拡大していき，財政赤字と相まって

アメリカ経済は深刻な景気低迷に陥ることになる。

　1985年9月22日，ニューヨークのプラザホテルに日米英独仏の先進5カ国の蔵相，中央銀行総裁が集まり，"ドル高是正・ドル安誘導"の協調介入が協議され，合意された。この先進5カ国の蔵相・中央銀行総裁会議（G5）の合意を通称「プラザ合意」（Plaza Accord）と呼ぶ。このプラザ合意は，レーガン大統領のスローガンである"強いアメリカ"実現のための主要政策の一つであった高金利によるドル高政策が見直されたことを意味する。ここに，アメリカの経済戦略は80年代後半から変化することになる。

　アメリカ経済は，レーガン大統領のマクロ経済政策（レーガノミクス）の下での景気回復によって，70年代から続いた深刻な不況を克服したかに見えたが，貿易赤字と財政赤字という「双子の赤字」（twin deficits）を生み出し，結果的に高金利とドル高によってアメリカの製造業の国際競争力を低下させ，特に日本からの自動車やカラーテレビ，半導体等の輸出攻勢により日米貿易摩擦を引き起こすことになった。さらに，1987年10月19日にアメリカのウォール街で起きた「ブラック・マンデー」（Black Monday）と呼ばれる株の大暴落は，アメリカ経済が完全に復活しておらず，"アメリカ経済の復活"（離陸）は90年代のクリントン政権の誕生に待たねばならなかった。

2　1990年代のアメリカ経済の復活

B　W. J. クリントン大統領の経済政策「クリントノミクス」

　1990年代に入り，アメリカ経済はそれまでの景気低迷から離脱して世界経済のグローバル化の進展とアメリカの情報技術（IT）革命を追風に10年以上の好景気を持続させた。所謂「ニュー・エコノミー」（new economy）[4]の時代を築いた。

　ニュー・エコノミーとは，具体的には1990年代からのグローバル経済の急進展により海外からの資金調達や安いコストでの部品，原材料等々を調達することが可能になり，また，IT（情報技術）化の推進，ITの活用により労働生産性が向上し，また過剰在庫の削減が可能になった。このことにより，(1)景気

循環が消滅し"インフレなき高成長",(2)"インフレなき低失業率"というニュー・エコノミーの時代が到来したと言われた。

(1) クリントン政権の経済戦略 —アメリカの産業構造の大転換—
　1990年代のアメリカを特徴づけたのは,外交よりむしろ国内の経済再建を最大の目標としたクリントン政権の経済政策「クリントノミクス」(Clintonomics)によってアメリカ経済の繁栄が復活したことである。
　1993年1月に「アメリカの変革」を掲げて大統領に当選した民主党のビル・クリントン (William Jefferson Bill Clinton) は,共和党のレーガン大統領が推進した「レーガノミクス」(小さな政府を目標)を否定し,政府が民間の経済活動に積極的に関わり,雇用の創出,経済競争力の強化を目指すという「クリントノミクス」(大きな政府を目指す)を推進した。

(2) 旧来型の自動車産業から情報通信産業への産業構造の大転換
　クリントン大統領が掲げたマクロ経済政策「クリントノミクス」(Clintonomics)の目標は,アメリカ経済の再活性化である。具体的には,政府が民間経済の支援策を打ち出して,雇用創出,企業の競争力を強化させるために産業インフラの整備や技術開発投資を推し進めたり,一方で財政赤字の削減のために増税と軍事費支出の削減等を柱に据えている。これにより,企業業績は回復し,さらに長い間の懸案であった「双子の赤字」の一方の財政赤字は1998年に解消し,歴代の政権で初めて財政の黒字化に成功した。
　クリントン政権の経済政策の大きな特徴は,それまでの自動車産業を中核とした産業構造の改革を行い,情報通信産業やサービス業を基盤とした「産業構造の大転換」を成し遂げたことである。具体的には,「情報スーパーハイウェイ構想」を始めとした情報通信分野における国際競争力の強化に力を入れ,その他の多くの新しい産業活性化政策を打ち出し,さらに"ニュービジネス","ベンチャー企業"を育てるための産業基盤の整備を行った。クリントン大統領が打ち出した経済政策「クリントノミクス」により,アメリカ経済は10年以

上の好景気を維持し，アメリカ大統領経済諮問委員会は，2001年1月のクリントン大統領の経済報告で，1990年代のインフレなき持続的高成長を「ニュー・エコノミーの時代」と報告している。

3　日本とアメリカの関係 —世界経済の不均衡問題—

(1) 世界の経済大国：アメリカの強み —基軸通貨国—

ここで，我が国とアメリカの関係を見てみよう。アメリカは1971年に貿易収支が赤字になり，その後1980年代入って貿易赤字は増大して80年代後半に日本との間で深刻な日米貿易摩擦を引き起こしてきた。80年代初め頃から高金利によるドル高で米国の輸出産業は国際競争力を失いアメリカの国内経済は景気後退に苦しんでいた。1985年の先進5カ国による米国救済のドル高是正の協調介入（プラザ合意）により，ドル安と景気の持ち直しが期待されたが，1987年10月にアメリカのウォール街で起きた「ブラック・マンデー」(Black Monday) と呼ばれる株の大暴落は，アメリカ経済が完全に復活していないことを示した。

その後，日本は90年代に円高圧力の中で対外投資を進めアメリカでの「現地生産」を積極的に推し進めた。また，中国などの新興経済諸国（BRICs）の出現によって，日米貿易摩擦問題は立ち消えになった。しかし，2000年代に入ってもアメリカの対外的貿易赤字は拡大し，直近の2011年の貿易赤字額は5,580億2,000万ドル（約43兆3,000億円）の高水準に達している[5]。

(2) アメリカの巨額の経常収支の赤字問題

これだけの赤字を出していたら普通の国であれば外貨がなくなり貿易黒字を出す努力が必要になるが，アメリカの場合は特殊事情により通貨暴落に見舞われ国家の経済破綻に陥るまでには至っていない。二つの理由が考えられる。

A　基軸通貨国の特権

一つは「基軸通貨国」(key currency country) であること。米ドルは，"基軸通貨"（国際通貨）として世界で流通しており，世界貿易が拡大している限り決

済手段として米ドルが使われ，ドル需要が常に存在していることである。また，アメリカとの2国間貿易においても，貿易収支の赤字が続いて赤字分の債務支払い（対外債務）が巨額になった場合でも，借金返済のために輪転機を回して"ドル紙幣"を印刷することで借金を返済できるという「基軸通貨国の特権」が付与されていることである。換言すれば，自国紙幣を印刷すればどれだけでも輸入することができる仕組みになっている。

1971年の「ニクソン・ショック」（金とドルとの交換停止）以来，必要に応じてドルを印刷して通貨を供給できるようになり——これを「管理通貨制度」（managed currency system）という——，逆にいえば，アメリカは基軸通貨国（国際通貨）の強みを生かして，印刷したドル紙幣で世界から多くの商品を輸入することで世界経済の発展に寄与してきたと言えよう。同時に，輸入することで全世界にドル紙幣を供給し続けドル通貨が世界各地へ行き渡ることになった。

B 双子の赤字

もう一つは，"貿易収支の赤字"と"財政収支の赤字"という「双子の赤字」（twin deficits）の問題である。アメリカの慢性的な赤字の遠因は，強いアメリカを標榜して大統領に当選したレーガン大統領の1981年の経済政策「レーガノミクス」である。レーガン大統領は，経済学者ラッファー（A. Laffer）教授の「増税を行えば税収も増えるが，ある一定の税率（最適税負担率）を超えると勤労意欲が低下して税収が減少していく。この最適税負担率以降の領域では逆に減税を行うことによって税収が増えていく」というラッファー理論に従って，アメリカ経済を復活させるために大幅な減税を行った。同時に，強いアメリカの象徴でもある軍事支出も増額させたために巨額の財政赤字を生み出すことになった。

これらの減税政策と軍事費拡大による需要創出が，さらに海外からの輸入を増大させて貿易赤字を増やして，所謂「双子の赤字」を生み出したのである。また，アメリカの貿易赤字の拡大は，最大の貿易相手国だった日本との間で深刻な"日米貿易摩擦"を引き起こすことになった。

この米国の財政赤字が，金融市場での金利上昇（高金利）を誘引し，高金利が海外からの資本流入をもたらして，結果的に，ドル暴落を抑止するという構図が出来上がっているということである。

アメリカが抱える最大の経済問題
―世界経済の不均衡問題―

　アメリカは現在，経常赤字と財政赤字の「双子の赤字」(double deficit) 問題を抱え込んでいる。

　1980年代からの慢性的な経常収支赤字と財政収支の赤字を維持できたものは，政府の巨額の財政赤字が国内金融市場での"高金利"を生み出して，高金利が外国からの資金の流入を促進させてドル買いによる"ドル暴落"を防ぎながら国内の好景気を持続させるという綱渡り的な経済運営を行ってきたことにある。このような状況が持続可能であるのかが最大の懸念材料になっている。米国経済は，21世紀初頭における世界最大の経済問題である「世界経済の不均衡問題」の当事者であるわけである。

　以上，本節ではアメリカの経済戦略を1980年代のレーガン大統領の経済政策「レーガノミクス」と90年代のクリントン大統領の経済政策「クリントノミクス」を比較しながら分析し，さらに「経済大国アメリカの強み」と日本との関係について考察してきた。これら二つの経済政策は，現在の日本経済を考える上で重要な先行事例になるものと考えられる。

第Ⅰ部　世界経済の動向と日本経済

第4節　欧州連合（EU）と通貨統合

　本節では，国際通貨（基軸通貨）「米国ドル」に次ぐ準基軸通貨として注目されている欧州連合（EU：European Union）の加盟国で流通している統一通貨「ユーロ」（Euro：€）について考察する。ユーロは欧州連合（EU）の象徴として1999年に誕生し，世界の統一通貨のモデルとしての役割が期待されている。

1　欧州連合（EU）と統一通貨ユーロ

　欧州連合（EU：European Union）は，1993年11月1日に「欧州連合条約」—マーストリヒト条約—（欧州連合の創設を定めた条約）により発足したヨーロッパの地域統合体である。欧州の加盟国28カ国で構成される組織体である。EU

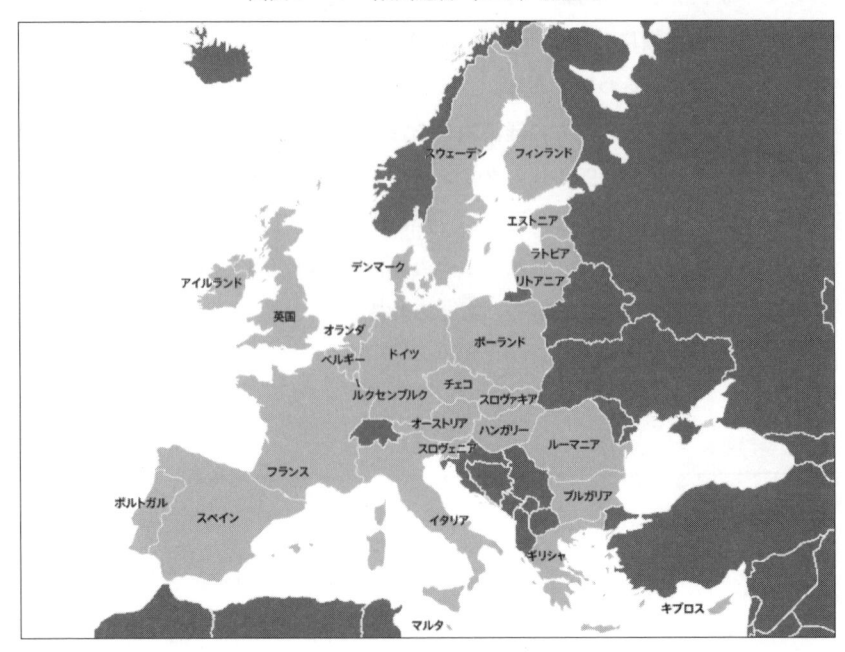

図表1－1　欧州連合（EU）加盟国

第1章　世界経済の新潮流

の本部はベルギーのブリュッセルである。

　1999年1月，欧州連合（EU）加盟国15カ国の中で11カ国が統一通貨「ユーロ」(Euro：€) の採用を決定した。2002年1月1日からドイツ，フランス，イタリア，オランダ等の12カ国が参加してユーロ紙幣や硬貨の流通が始まった。2015年1月1日時点で，統一通貨ユーロの導入国は19カ国である。

【マーストリヒト条約】

　通貨統合に参加する場合，マーストリヒト条約によって定められている四つの経済的基準，すなわち(1)物価の安定性，(2)財政の安定性（財政赤字の大きさ），(3)為替レート，(4)長期金利，の各項目について必要な条件を満たさなければならない。ちなみに，単年度の財政赤字額（新規国債発行額）は国内総生産（GDP）比3％以内，インフレ率はユーロ圏内の最も低い3カ国の平均から1.5％以内，長期金利は最も低い3カ国の平均の2％以内，政府債務残高はGDPの60％以内，および参加当事国の通貨を2年間，ユーロに対して15％以内の為替変動幅以内に収める，などの収斂目標を定めている。

　ユーロという統一通貨の採用により，ユーロ圏内では従来の欧州連合（EU）圏内での経済，金融取引における為替リスクから解放され，ユーロ圏内での「為替リスク」のない一大共通市場が誕生したことになる。この結果，統一通貨ユーロの誕生により，基軸通貨国米国をはじめ世界経済に対して大きな影響を持つことになった。

2　欧州中央銀行（ECB）

　ユーロ圏の中央銀行である「欧州中央銀行」（ECB：European Central Bank）は1998年6月1日に設立された。本部はドイツのフランクフルトにある。統一通貨ユーロに関わる業務を行っている。ECBは，圏内の唯一の発券銀行であり，圏内の経済政策として金融政策をはじめ為替政策の権限も有している。ECBは，欧州連合（EU）の機能に関するマーストリヒト条約第127条によって，物価安定の使命があり，金融政策の決定と実施，加盟国の外貨準備の管理，外

17

国為替市場への介入，市場への資金の供給等を行っている。

今回の統一通貨ユーロの導入によって，対外的には変動為替相場制度を採用しているが，ユーロを導入している各国の域内では事実上の"固定為替相場制度"の導入ということになる。したがって，ユーロ圏加盟の各国の中央銀行は，域内での固定相場を維持するために独立した金融政策を実施することができなくなる。国内のマクロ経済政策としては，唯一各国政府の権限での「財政政策」のみが残されていることになる。

しかし，現実問題として，通貨統合に参加する条件として，単年度の財政赤字額（新規国債発行額）を国内総生産（GDP）の3％以内とする所謂「安定化協定」（SGP：the Stability and Growth Pact)」があり，国内の景気調整手段として拡張的財政支出政策が自由に使えないという問題を抱えている。

3　統一通貨ユーロ導入の効果

統一通貨ユーロを導入することで，域内では為替レートの変動リスクや通貨換金の手数料がなくなり，ユーロ導入前に比べて経済活動が活発になり大きな利益をもたらすことになった。また，ユーロ圏内で統一通貨ユーロを使用することで，圏内で基軸通貨ドルを使う必要がなくなりヨーロッパをはじめ欧州諸国と関係が深い圏外の国々も経済取引にユーロを使うようになり，ユーロ経済圏域はむしろ拡大する方向へ向かっている。逆にいえば，ドル通貨圏の圏域が次第に狭まることも考えられる。

実際，ユーロ圏の周辺諸国，特に，中東諸国やアジア諸国では，政府の外貨準備金として，あるいは貿易の決済手段として米国ドルと並行してユーロが使用されるケースも増えている。このように，ユーロは「国際通貨」（基軸通貨）米ドルに代替し得る"準"基軸通貨としての影響力を強めているのが実情である。

だが，最近では2009年にギリシャの財政問題が発覚して，ユーロの信頼性が大きく揺らぎ，ユーロ問題が欧州危機へと波及して，世界経済に大きな混乱を与えた。このことは，統一通貨導入の課題が残されていることを再認識させた

事例でもある。

第5節 世界経済の不均衡問題

　アメリカ経済を中心とした20世紀型の世界成長モデルの最大の問題点は，「世界経済の不均衡」問題である。すなわち，(1)巨額の債務国家（借金大国）―経常収支の赤字国―アメリカと(2)巨額の債権大国―経常収支の黒字国―日本や中国の不均衡問題である。

　アメリカは，現在でも経済規模では世界のGDPの約23％（2012年）を占める経済大国である。20世紀の後半から21世紀初頭にかけて世界最大の国内市場を有する輸入大国でもある。IT技術や金融市場など世界経済を牽引していく先端産業を有し，アメリカ通貨ドルも世界通貨（基軸通貨）として世界で流通している。

　但し，アメリカ経済は，現在でも巨額の経常収支の赤字と財政赤字という「双子の赤字」(twin deficits)を抱えており，これは，米国経済が抱える構造的な経済問題である[6]。米国は世界最大の経常収支の赤字国であり，米国が世界の様々な国から様々な商品を輸入することで，我が国をはじめ世界中の国々は米国への輸出によって国内景気を浮揚させて，産業を育ててきた。だが，このような海外からの莫大な輸入は米国にとって「債務」（借金）によって賄われており，米国の貿易赤字は，言ってみれば米国の債務の拡大である。アメリカの対外債務は膨大な額になっており，ドル暴落の危険性を有している。米国は，これ以上多額の貿易赤字を垂れ流すことが難しい状況にある。

　このような状況下で，21世紀に入って重要性を増したのが「新興経済諸国」（BRICs）の存在であり，アメリカに代わって世界経済を牽引する役割に期待がもたれている。

　最近，デーカップリング（世界経済の非－連動制）論はよく使われるが，現実をみるとこのような考えには無理がある。経済のボーダーレス化が進んでいる状況下，世界最大の経済大国であるアメリカの存在を抜きにして世界経済の発

展は考えられないからである。米国で起きている景気変動の影響が，世界各国の経済動向に波及しないということは考えられない。経済のグローバル化とIT化が急速に進んでいる現代社会では，世界の景気動向が瞬く間に世界中に伝播・波及していく時代なのである。

世界経済は，"金融の世界"を通じて「再－連動」（リーカップル）しているのであり，密接に繋がっているのである。これが，グローバル経済化，ボーダーレス経済化，つまり，経済の国際化の実状でもある。

【注】

1）世界経済の連動性をモデル化した「カップリング」（連動性）論。これに対して，21世紀に入っての新興経済諸国（BRICs）の著しい経済成長を背景に「デーカップリング（非連動性）」理論が主張されるようになった。また，最近では国際金融市場の拡大を背景として，所謂「リーカップリング（再－連動性）」理論が再度注目されてきている。
2）ここで，デーカップル（de-couple）とは，二つ以上の要素が連結していない，切り離されているという意味がある。例えば，米国経済が減速しても，他の国々の経済はあまり影響を受けないという意味で使われている。
3）stagflation は，stagnation（停滞）と inflation（インフレーション）の合成語で，経済の停滞（不況）と物価の持続的上昇（インフレーション）が同時に起こる現象をいう。1973年の第1次石油危機と1979年の第2次石油危機の際の原油価格の高騰による不況下のコストインフレの進行によって先進国の経済は混乱した。
4）アメリカ大統領「経済諮問委員会」は，2001年1月のクリントン大統領の経済報告で，このようなアメリカ経済のIT革命などが主導した1990年代のインフレなき持続的高成長を「ニュー・エコノミーの時代」と報告している。
5）米商務省，貿易統計。
6）これに関する分かりやすい参考書としては，伊藤元重氏の下記の文献を参照。
　　※伊藤元重著『ゼミナール国際経済入門』（改訂3版）日本経済新聞社，2007年。

第2章　日本経済の動向
―現状と課題―

　我が国日本は，1960年代，「高度経済成長」(high-economic growth) の真っただ中にあった。年率10％近い経済成長を続け，1968年に日本はGDP（当時，GNP表示）が先進諸国の中で西ドイツを抜いてアメリカに次ぐ世界第2位になった。また，1987年に我が国は主要先進国の中で1人当たりGDPが米国を抜いて世界第1位になった。

　我が国は，現在，主要先進諸国の中で米国に次ぐGDP世界第2位の経済大国であるにもかかわらず，1980年後半期のバブル経済と91年のバブル崩壊を経て未曾有の低成長にあえぐ"失われた20年"を経験している。理由は，米国並みの"魅力ある国内産業"を育てきれずに製造業等の輸出産業中心⇒外需主導型の経済成長政策を維持した結果，膨大な貿易黒字を生みだして稼いだ外貨を国内投資へ回さずに対外投資へと資本流出させていったことにある。

　本章では，日本経済の現状と課題について検証する。併せて，我が国の潜在的経済力をいかに活用して，経済再生に繋げていくかについて考察する。

第1節　日本経済の現状

＜失われた20年＞

　現在，我が国はデフレ経済に陥っている。1991年のバブル崩壊以降，「失われた10年」どころか「失われた20年」を記録しつつある。この間，何度か日本経済の景気が回復（経済の離陸）しかけたことがある。しかし，政府の景気判断のミス（政策の失敗）[1]，あるいは米国経済の金融危機（金融市場の失敗）[2] 等の我が国を取り巻く世界経済の環境変化によって景気回復の腰折れに遭遇し，経済の成長・離陸に至らなかった。結果的に，我が国経済は長期不況，そして

第Ⅰ部　世界経済の動向と日本経済

1998年以降，消費者物価指数が水面下に落ち込みマイナスを記録し（図表2－1を参照），その後経済は回復せずに"物価下落と景気後退が悪循環"していく「デフレ・スパイラル」（deflationary spiral）[3]の罠に陥り，デフレーション（Deflation）という戦後初めての難題に直面している。

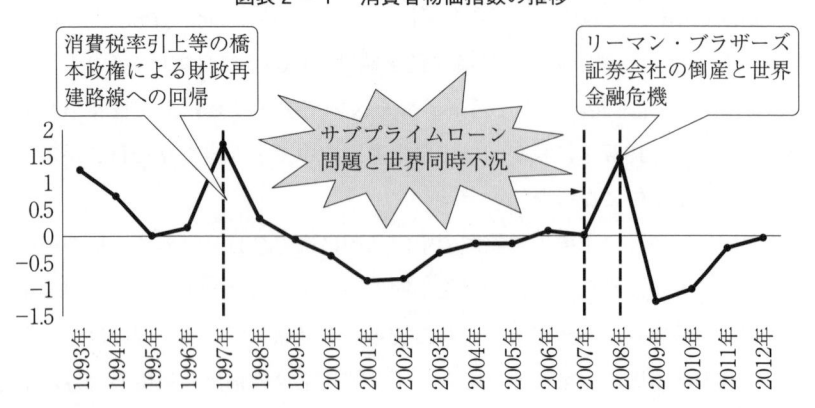

図表2－1　消費者物価指数の推移

消費税率引上等の橋本政権による財政再建路線への回帰

サブプライムローン問題と世界同時不況

リーマン・ブラザーズ証券会社の倒産と世界金融危機

（縦軸：2，1.5，1，0.5，0，-0.5，-1，-1.5）
（横軸：1993年，1994年，1995年，1996年，1997年，1998年，1999年，2000年，2001年，2002年，2003年，2004年，2005年，2006年，2007年，2008年，2009年，2010年，2011年，2012年）

（資料）総務省統計局「消費者物価指数年報」から作成。

1　日本経済の潜在成長力

　日本経済の問題点は，我が国経済が持っている「潜在的生産力」を十分に活かしきれていないことであった。すなわち，経済学の専門用語で言えば労働力・資本・技術等の「潜在成長力」（growth potential）を活用しきれなくて長期の経済停滞に陥っていったことである。潜在的な生産能力はあるがこれを活かしきれない。すなわち，総需要が創造されない，景気回復のための「経済政策」（総需要管理政策）を実施しても効果が出ないという点にあった。この根本的要因は，我が国経済が抱える「構造問題」—先進諸国へのキャッチ・アップ型の経済構造の温存—を解決してこなかったことにある。

　戦後の日本経済の経済成長のプロセスを見ると（図表2－2），1973年と79年の二度にわたる石油ショックによって高度経済成長が終焉して中成長へと移行

第2章　日本経済の動向

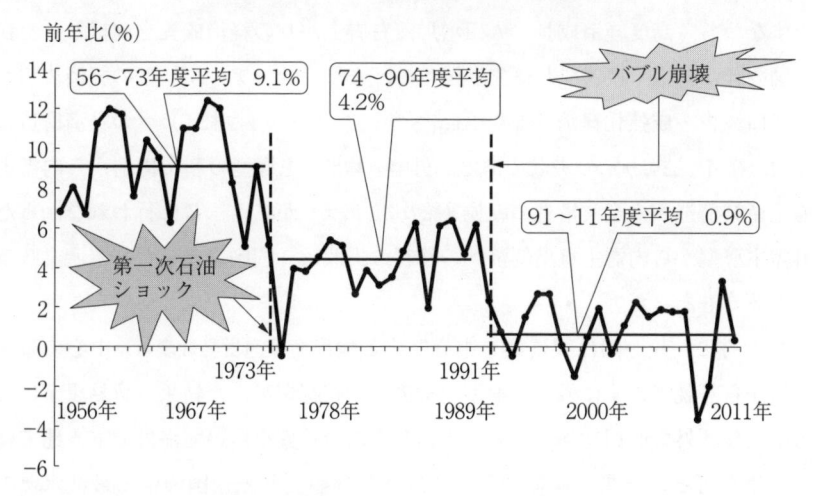

図表2－2　日本の経済成長率の推移

前年比(%)

グラフ内注記：
- 56～73年度平均　9.1%
- 74～90年度平均　4.2%
- 91～11年度平均　0.9%
- 第一次石油ショック
- バブル崩壊
- 1973年、1991年
- 横軸：1956年、1967年、1978年、1989年、2000年、2011年
- 縦軸：-6, -4, -2, 0, 2, 4, 6, 8, 10, 12, 14

（資料）内閣府　経済社会総合研究所から作成。

した。それでも日本経済（日本企業）は底力を発揮して，「構造転換」（石油多消費型経済から省エネ型経済への産業構造の転換）を実現した。しかし，1985年のアメリカ経済の救済のためのドル高是正政策（通称，「プラザ合意」：先進5カ国による協調介入）と円高不況是正のための低金利政策の実施によって国内に過剰流動性を抱え込み，1980年代後半からバブル経済を発生させた（本章，34頁参照）。そして，1991年のバブル崩壊（bubble burst），その後の1990年代の長期経済不況（低成長）へと移行，さらに1998年頃から我が国が先進国で初めて経験する「デフレーション」（deflation）経済へ突入するのである。

我が国の持てる力「潜在的能力」をいかにして発揮していくかが課題となる。どのようにしたら日本の「イノベーション」（innovation）[4]の力を発揮して，経済成長につなげていくかが最大の経済課題である。

2　日本経済の低成長と構造問題

このような経済の"低位安定"型の経済停滞への移行の原因はいくつか考え

られる。その中の一つに国家戦略を欠いた経済運営がある。

　すなわち，高度経済成長，人口増加，右肩上がりの経済成長を前提とした我が国の経済構造，換言すれば先進国への"キャッチ・アップ"型の経済体制から人口減少・成熟化経済（先進国経済へのキャッチ・アップ終了）への経済構造の転換（経済の舵切り）の失敗である。外需（輸出）主導型の産業構造から内需主導型産業構造への産業構造の転換（舵の切り替え）がスムーズに行われなかった。外需主導型から内需主導型経済への移行の失敗は，国内産業を育てる産業政策の失敗でもあった。

　結果的に，我が国は製造業を中心とする輸出産業（貿易財産業）中心の産業構造から離脱できずに外需主導型の経済成長路線を歩んだ結果，貿易黒字による膨大な「外貨」（ドル通貨）を抱え込み，この外貨を用いて海外でドル建て資産運用を行った結果，極端に多い「対外投資額」と先進国の中で最低水準の「対内投資額」をもたらした。このアンバランスが今日の日本経済の長期低迷の主要な要因と考えられる[5]。

第2節　外需主導型経済と円高デフレ

1　外需主導の経済成長

　我が国は，先進経済諸国の中で米国に次ぐGDP世界第2位の経済大国であるにもかかわらず，米国並みの国内産業を育てきれずに輸出産業中心＝外需主導型の経済成長政策を維持してきた結果，膨大な貿易黒字を生みだして稼いだ外貨を国内投資へ回さずに対外投資へと流出させていった。

　通常，輸出が拡大すれば当該国の為替レートは上昇（我が国では，円高）していく。これは，外貨（ドル通貨）建てで輸出すれば，輸出代金として受け取った外貨は外国為替市場（厳密にいえば，銀行[6]）で輸出国の通貨である邦貨（円通貨）に換金されて当該国内で使用されるからである。また，換金され金融機関に保有された外貨（ドル）は海外からの輸入代金の支払いとして活用されて

いく。これによって当該国の輸出と輸入のバランスがとれて貿易収支，あるいは国際収支の均衡が維持される。

　理論的に言えば，この輸出で稼いだ外貨を用いて国内産業の育成のために必要な資材等を海外から輸入することで，国内投資が活発化し輸出が国内需要へと連動（波及）していく。このような，輸出拡大＝国内の消費や投資の拡大（内需拡大）⇒国民所得拡大⇒輸入拡大・国内投資拡大⇒通貨安（円安）⇒輸出拡大・・・，という一国経済の成長拡大の循環路線に移行していくことが普通で，このような循環サイクルが海外との経済取引の基本原則でもある。

【海外との交易の基本】

　海外との交易の基本[7]は，その国にない商品や資源を海外から調達（輸入）して国内の生活水準を引き上げたり，生産をより高度なものにしていくことにある。その際，海外からの輸入代金は，輸出で稼いだ外貨（通常，国際通貨米ドル）で支払うことになる。このような輸出と輸入のバランスが一国の経済を活性化させていく。基本的には，「国際収支の均衡」があるべき姿である。

　ところが，我が国の場合，国内景気を浮揚させるために外需主導，輸出産業重視の産業政策（輸出産業育成のための様々な優遇措置）を実施し，内需拡大策（リーディング産業，ベンチャー産業育成のための優遇措置）が後回しにされてきた観がある。結果的に，貿易黒字が累積して政府は輸出奨励のための為替政策，すなわち通貨高（円高）阻止のための大規模な市場介入まで実施し，外貨（ドル）買い・邦貨（円）売りの為替介入を行った。その結果，我が国政府が保有している外貨（外貨準備高：foreign currency reserve）が，約100兆円という（適正規模を上回る）巨額な金額になっている[8]。

2　輸出と外貨（対外資産）増殖の悪循環

　このような政府保有の莫大な外貨（外貨準備高）の存在は，輸出で稼いだ輸出代金（外貨：ドル）を邦貨（円通貨）に換金して国内投資に活用せずに，対外投資に使って巨額の対外資産を保有していることを意味している。巨額の対外

資産から得られる収入を邦貨（円通貨）に変えて国内で使えば国内の産業活性化に役立つと思われるが，邦貨に換金すれば当該国の通貨高（円高）を誘引し輸出産業に不利になるから現地投資として対外資産を購入し続けていくことになる。これがさらに外貨保有を増殖させて，輸出と外貨保有の悪循環（輸出の罠＝資金流出の罠）に陥っている状況にある。

輸出代金を海外運用することは，対外資産から得られる所得が期待される半面，対外投資先の国では実物投資による産業の活性化および雇用増加という形で投資対象国の経済成長へと貢献していくことでもある。輸出で稼いだ巨額の外貨を国内投資に活用して「国内市場の拡大」（新規産業の育成 etc）とそれに連動した「国内雇用の増大」につなげれば，日本経済の活性化，経済成長率の上昇⇒我が国のデフレ脱却⇒日本経済の復活（離陸）へと連動させることができよう。国内経済の活性化は国内消費や投資の増大⇒内需拡大がベースになる。内需拡大は輸入増大へと連動するので輸入拡大は輸入代金の支払いのための外貨（ドル）需要となり，外貨（ドル）高・邦貨（円）安となり国際収支の均衡化へ貢献する。

＜政府保有の外貨準備高＞

通常，政府保有の外貨準備高は，政府（財務省）と中央銀行（日本銀行）が保有している外貨建ての資産総額であり，これは基本的には(1)輸入代金の支払い準備や(2)海外債務の返済準備金として当該国の政府が保有しておくものである。また，(3)投機による為替レートの短期的な乱高下を阻止し，為替レートの安定化を目的とした為替政策（市場介入）の資金（原資）として通貨当局（中央銀行）が保有している。政府保有の外貨としては，(1)海外の有価証券，特に米国債，(2)外貨・金などからなっている。

巨額な外貨を保有するということは，常に，その国の対外資産価値が為替変動（為替損失）にさらされることを意味している。例えば，外貨（ドル）安・邦貨（円）高が続けば，外貨建て資産の目減りが起こり，莫大な為替損失を被るリスクを抱えることでもある。このような事例として，1985年に米国ドル高是

図表2-3　世界の外貨準備高（2010年）

順位	国名	（単位：米億ドル）
1	中国	28,679
2	日本	10,628
3	ロシア	4,449
4	台湾	3,827
5	ユーロ圏	3,189
6	韓国	2,915
7	インド	2,762
8	香港	2,686
9	シンガポール	2,257
10	マレーシア	1,049

（資料）ＩＭＦ, International Financial Statistics Yearbook 2011
　　日本の外貨準備高は，2005年まで世界第1位を記録してきたが，中国が輸出拡大による人民元の上昇を抑えるために，ドル買い・人民元売りの為替介入を行ってきたために，2006年に日本を追い越して世界第1位になった。

正のために先進5カ国によって行われた協調介入（通称，プラザ合意）の際には，当時の為替レート1ドル＝240円が2年後には為替レート1ドル＝120円へと円高となり，我が国が輸出で蓄積してきた対外資産（ドル建て資産）の約半分が消失したと言われている。

3　外需主導型経済と円高デフレ

　我が国経済は，1968年にアメリカに次ぐ世界第2位の経済大国になり，その後，1980年代後半に実質的に先進経済大国（＝成熟国家）としての地位を確立した。
　この時点で，従来型の外需主導の経済成長戦略を見直して「内需主導」＝「内需育成」型の経済成長戦略に政策転換をすべきであった。
　当時（1980年代）の日本はアメリカとの間で熾烈な貿易摩擦を繰り広げて，結果的に輸出割当，現地生産，および国内生産拠点の海外移転による「産業の

空洞化」を誘引していくことになる。

　1980年代後半のバブル経済と90年代初期のバブル崩壊により国内経済の停滞を引き起こして，不況による内需不足は輸出に活路を求めてさらなる輸出戦略の構築を促して輸出を拡大させるに至った。また，国内不況は輸入を抑制させて，輸出拡大・輸入減少による経常収支（貿易収支）の大幅黒字をもたらして円高に苦しむことになる。1990年代は，バブル崩壊による国内の長期景気低迷と円高に苦しんだ時代と言える。

(1) 円高不況に苦しむ日本経済

　円高が続けば経済が衰退してデフレーション（deflation）を引き起こす。既述のように，円高が続けば，自動車や半導体，家電製品，鉄鋼，船舶等の輸出産業が打撃を受ける。円高は，輸出価格の引き上げにより国際競争力を低下させ，国内企業は円高対策として工場の海外移転（産業の空洞化）を始めとして，国内でのコスト削減による従業員の賃金引下げや解雇を行って人件費の削減に手をつけることになる。

　さらに，円高は輸入価格を低下させ国内の輸入競合産業の経営悪化を引き起こして，賃金引下げや解雇などが拡大していく。また，円高による輸入製品の価格低下は国内の物価下落要因となり，国内での持続的な物価下落はデフレーションを引き起こす主要因ともなった。

　結果的に円高は，海外への工場移転を促進させて国内産業の空洞化を引き起こし，国内での雇用悪化は国内消費を委縮させて国内需要を低下させ，企業の海外移転を軸とした「不況が不況を呼ぶ」という"デフレ・スパイラルの罠"（trap of the deflationary spiral）に落ちることになる。

＜円高の問題点と課題＞

　円高の進行により，下記の二つの影響が懸念材料となろう。

　　(1) 円高進行で，対外純資産の大幅な目減り

　　(2) 行き過ぎた円高が，デフレーション（deflation）を引き起こす

第2章　日本経済の動向

　輸出主導という経済構造の危うさは，国内景気の動向が常に外需，すなわち海外・世界の景気動向に左右される経済構造であり，世界第2位の経済規模（先進国で米国に次ぐ世界第2位のGDP水準）を有する我が国の選択すべき最良の道ではないものと考えられる。

　すなわち，国家の産業構造を外需と内需のバランスのとれたものに転換して，内需を拡大して国内に海外から多くの人材，資本，技術を呼び込むような「魅力ある国内市場」を創り出す"国家戦略"が喫緊の課題となる。できるだけ早く，(1)国内リーディング産業を創りだす環境整備を行い，(2)世界の三大金融市場の復活を目指した金融インフラの整備，さらに(3)バイオテクノロジー等の先端技術を活用した高付加価値産業の創造，および農業インフラの整備や海洋資源を活用した投資プロジェクトの整備が必要とされる。

(2)　世界経済の不均衡問題とイギリス病

　輸出で外貨を稼いでも，外貨を国内投資へ回せない（内需が弱い）経済構造，外貨を国内で投資せずに海外で投資する。結果的に，我が国の対外純資産額は，21年連続世界第1位を記録し続けている。そして，日本経済は長い景気低迷に苦しんでいる。

　過去によく似た事例がある。19世紀後半の1873年から1896年の世界大不況（Long Depression）期のイギリスである。1840年代のイギリスの鉄道建設バブルと1873年のバブル崩壊に端を発した大不況期である。当時，発展途上国といわれたドイツやアメリカが工業化に成功して急速に経済力をつけてイギリスに迫り，経済大国としてのイギリスを脅かしていた。ドイツやアメリカなどの新興工業諸国の発展がイギリスの国際競争力を弱体化させていた。新興工業国からの低価格の工業製品の輸出攻勢と植民地からの安い農産物の輸入によって，イギリス国内の物価は下落して不況が長期化し，そしてデフレーションの進行に苦しむことになる。国内投資や国内産業の育成を怠ってイギリスは生き残りをかけて輸出と海外投資に活路を見出していた。そして，海外で稼いだ莫大な投資収益を海外投資（海外での鉄道建設等）に回していた。

第Ⅰ部　世界経済の動向と日本経済

　国内産業の育成の遅れが国内利益率の低下をもたらし，利益率の低迷が資本の海外逃避と国内の資金不足を誘引するという悪循環に陥っていた。結果的に19世紀後半のイギリスは約23年間にわたり不況とデフレに苦しむことになった。

　翻って我が国日本を見れば，イギリスと同じような状況にあると言えよう。

＜先進国の中で世界一の債権国日本＞

　世界一の債権国「日本」と世界一の債務国「アメリカ」。アメリカへの資本流出＝日本の資本収支の赤字問題。国内産業を育てられない様々な規制と企業系列の存在。あえて言えば，「国を挙げての相互互助（保護）システム」の温存。我が国は，国家の中長期的な経済戦略なき"羅針盤"を失った「漂流船」の状況を呈している。世界を漂流している"護送船団国家"ともいえる状況である。

　我が国は，教育水準が比較的に高い優秀な労働力や高度な最先端技術水準を保有しているにかかわらず，「潜在的生産能力」を十分に発揮できないのは何故かについての考察が必要である。最大の問題点は，我が国の中・長期的な経済戦略の有無の問題，将来展望（将来のあるべき"国家像"）の有無であろう。

　次節では，世界経済を牽引してきたアメリカ経済と対比しながら，日本経済の実態と現状を「国際マクロ経済学」の視点から分析する。輸出主導で経済を成長させ「世界No.1」の"債権国"としての地位を築きながら，日本がバブル経済を引き起こし，バブル崩壊後，度重なる財政出動を行い，さらに金融緩和政策を実施してきたにもかかわらず経済を「浮揚」（離陸）させることができなかった要因について，若干の考察を行う。

＜日本の経常収支黒字要因＞
―黒字定着の背景―

1．高貯蓄率（低い消費水準）
2．輸出企業の国際競争力の伸長
3．外需主導の経済成長と内需拡大の遅れ
4．不況による内需の低迷と輸入の減退

＊高貯蓄率 ・・・国内での総生産（国民所得（ＮＩ））水準に比べて国内需要（総支出）が少ない。つまり，国内で消費されない部分は海外へ輸出される ⇒ 経常収支の黒字（＝資本収支の赤字）

　輸出の受取り代金は，海外でのドル建て資産（株式，債券，不動産，外貨預金 etc）として運用され，残りは日本政府の「外貨準備高増加」となる ・・・これらは，海外で資本投資される。

＊経常収支の黒字 ⇒ 海外に対する債権の増加 ⇒ 資本の輸出
　日本 ⇒ 経常収支の黒字を通じて世界へ資金（ドル建て通貨）供給している（資本収支の赤字）。

⬇

世界一の債権国

【1】これからの日本 ⇒ 国内需要を喚起し輸入を拡大させ，世界経済の「財」（生産物）と「お金」（資本）の循環を良くすることが重要課題。

世界の経済発展のために，国内産業を育成して輸入を拡大させる。

＊日本 ⇒ 生産はするがお金は使わない（貯め込む）・・・世界経済の発展を阻害している。

＊日本の外貨準備高は過大保有 ・・・適正規模を上回っている。
　　　　　　　　　　　　　　　　（為替リスクの問題）

【2】日本経済の現状　―円高に対応して―
(1) 主要製造業は海外に移転（産業の空洞化）
(2) 資源小国日本　⇒　希少資源（原油, レアメタル, ・・・）を海外から安く調達する必要がある　⇒　円高の活用

問題の本質　⇒　輸出主導の経済構造と国内産業の空洞化・・・内需不足の産業構造

⬇

1．日本経済の問題点
　日本の経済構造
　(1) 外需（輸出）依存　・・・国内需要が弱い
　　＊輸出依存体質　・・・『円高』⇒　ドル買い・円売りの市場介入で「円安」誘導政策　⇒　日本の「外貨準備高」増大
　(2) 国内市場の「高コスト」構造　・・・国内の様々な分野で「規制」があり, また業界によっては「系列」によって価格競争が妨げられている。

2．具体的な解決策
　(1) 輸出依存から「内需」中心の経済構造に転換　⇒　経済構造の改革
　(2) 規制緩和や系列の廃止によって国内市場を開放し, 国内産業の競争を促進　⇒　「国内産業の合理化」と「高コスト体質の是正」　⇒　国内経済の活性化　・・・内需（国内消費や投資）拡大⇒海外からの「輸入拡大」・・・円高是正
　＊日本の経済構造を, 外需（輸出）主導から内需主導の経済構造に転換（構造改革）し, 内需と外需の均衡（バランス）をはかる必要がある。

第3節　円高とデフレーション

　日本経済は，バブル経済の崩壊後，長い景気低迷から脱しきれずに戦後初めて経験する「デフレーション」(deflation) に陥っている。また，戦後の世界経済はインフレーション (inflation) は経験してきたが，デフレーションに苦しんでいるのは日本が初めてである。

1　第1次石油ショックによる円高

　特に，我が国は1973年の第1次石油ショックに端を発した国内不況によって，製造業は輸出に活路を求めた。その結果，日本の貿易黒字が増大し，円高局面に陥った（次頁の図表2－4を参照）。

　さらに1979年の第2次石油ショック後も，日本の国内経済は長期不況に見舞われているが，このときは為替レートは円高局面よりもむしろ円安局面を示している。これは米国のレーガン政権によるドル高政策（米国の金利高による）に起因したものである（第1章の第3節を参照）。

　このときのドル高・円安によって我が国から自動車や機械，半導体産業など米国への輸出が急増した。我が国からの集中豪雨的な輸出攻勢によって米国経済は深刻な不況に見舞われ，米国経済を救済するために，1985年9月に米国をはじめ日本，英国，独，仏の先進5カ国の蔵相・中央銀行総裁がニューヨークのプラザホテルに集まりドル高是正の協調介入が協議された。このときのドル高是正の協調介入を「プラザ合意」(Plaza Accord) という。

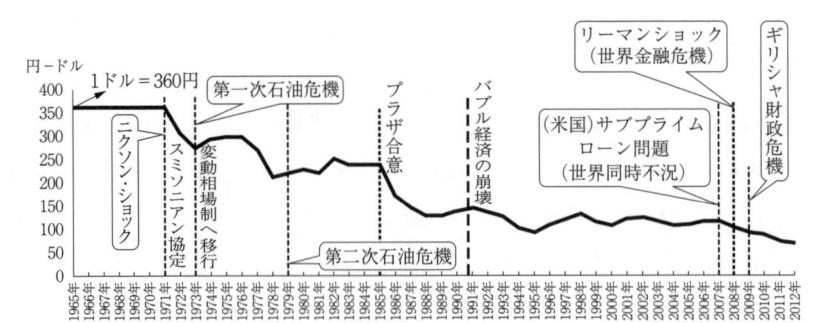

図表2－4　日本の為替レートの推移

（資料）日本銀行調査統計局「経済統計年報」。

2　プラザ合意による円高とバブル経済

　我が国では，プラザ合意を契機として1986・87年に円高・ドル安が急速に進行して「円高不況」に陥る。このときの円高不況対策として，政府は金融緩和政策つまり金利引き下げ政策を実施した。このときの低金利政策がその後の資産インフレを引き起こし，1980年代後半にバブル経済を発生させることになる。

　このように，我が国の低金利政策によって，企業は低金利で資金を調達しやすくなり，いわゆる「カネ余り」現象をもたらした。このときの余剰資金が株式や不動産，高額商品（ゴルフ会員権や絵画，リゾートマンション，あるいは高級ブランド商品など）への需要を誘発することになった。多くの企業は，本業の"モノづくり"を基本とした経営戦略から逸脱して，株式・債券や不動産（建物や土地・マンション等）への投機による利益追求を行い，結果的に，我が国全体（企業や個人）が資産運用による収益の追求「財テク」（財務テクノロジー）に奔走することになった。これがバブル発生の要因である。

　日本経済は，1986年末から1991年始めにかけて好景気を経験したが，この時期が実質上"バブル景気"（Japanese asset price bubble）の時期であった。

　そして，1990年に入ってバブル対策として金利の引き上げが実施され，急激な"資産デフレ"（バブル崩壊）を引き起こした。1990年2月に株価は大暴落し，

やがて地価も下がりだした。特に，地価の下落は我が国の伝統的な"土地神話"を崩壊させて，土地を担保とする融資機能を麻痺させ，金融機関の「貸し渋り」や「貸しはがし」による民間設備投資の抑制，企業業績の悪化と人件費の削減（賃金の引下げ）や雇用調整（解雇），そして消費支出の低下⇒企業売上の低下，設備投資の抑制，雇用調整…という資金循環の「破断」（rupture）と「景気後退」（recession）を引き起こし，景気の長期低迷を招くことになった。

3　日本の金融市場の問題点

ところで，我が国の金融市場は土地を担保に融資する「土地本位制」を採用してきた。この土地本位制は，日本経済が高度経済成長を続けていた1960年代から70年代始め頃までは適切に機能してきた。

すなわち，経済成長率が高い状況下では，土地価格も上昇するという前提で金融機関は資金（リスク資本）を貸し出しできた。しかし，土地価格が下がり始めると土地本位（土地担保）を前提とした融資機能が適切に作用せず，通貨当局の金融緩和政策はその効果を十分に発揮することができなくなる。この場合，土地を担保としない「資本市場」が育成されていない限り，通貨当局がいくら低金利政策，あるいは非伝統的金融政策（第3章を参照）を実施しても，金融政策の経済波及効果は限定的なものとなる。

第4節　バブル経済の崩壊と低成長経済

我が国の輸出企業は，1980年代以降，貿易摩擦や円高対策として工場立地を現地生産に切り替えて生産拠点の海外移転を推し進めてきた。

まず，自動車産業はアメリカや欧州を中心に現地生産体制を推進し，貿易摩擦や円高への対応を確立させてきた。また，家電産業や電機エレクトロニクス産業ではコスト削減の観点から，人件費や地価の安い東南アジア諸国や中国などに生産拠点を移転させてきた。海外との貿易摩擦や円高，あるいは我が国の様々な規制や高い法人税率に対処していくためには，企業は海外投資を積極的

第Ⅰ部　世界経済の動向と日本経済

に推し進めて工場などの生産拠点を海外へ移管していく以外には選択の余地は限られてくる。

特に，1990年代から急速に進行している経済のグローバル化の下で，「国際競争力」を維持しながら生き残る方法は限られる。結果的に，我が国では国内生産規模が縮小して「産業の空洞化」「雇用機会の喪失」現象が進行していく。

1　バブル崩壊後の円高

特に，我が国経済はバブルが崩壊した1991年以降，深刻な不況に直面し，国内企業は輸出に活路を求めて通貨高（円高）に見舞われた。企業は円高対策として生産拠点を海外に移し，国内産業の「空洞化」[9]現象を引き起こした。また，米国では情報技術（ＩＴ）革命の波に乗って長期の好景気を維持し，日本から米国への輸出が増えていった。

我が国の国内景気低迷と米国の好景気が，我が国の製造業を中心に輸出を増大させた。さらに，最近では情報通信分野でも米国との間で経済摩擦を引き起こしている。このように，我が国の海外への積極的な輸出攻勢は円高を加速させて，円高が生産拠点を海外に移管させて（現地生産を含む），円高と企業の海外脱出という「輸出の罠」(trap of export)に陥った感がある。

2　東南アジア地域への工場移転と産業の空洞化

円高が，我が国の輸出産業（貿易財産業）に危機をもたらすという論調は，1985年のドル高是正の国際的協調介入が行われた「プラザ合意」以降のことである。

円高は輸出企業を中心に輸出採算を悪化させ，円高の打開策として生産コストの安い海外への工場移転を促進させる。主要産業の生産拠点の海外移転は，国内の関連産業を衰退させて，「産業の空洞化」現象を引き起こした。特に，1985年のプラザ合意による円高から，人件費や土地が安い東南アジア地域への工場移転が始まり，我が国の産業の空洞化現象が表面化した。

まず，香港，シンガポール，韓国，台湾の東アジアの"新興工業経済地域"

（アジアNIESあるいはNIEs：Newly Industrializing Economies) と呼ばれる4カ国への工場の移転である。これらの国や地域は，発展途上国のうち20世紀後半に急速に経済発展を遂げた地域で，アジアの「4頭の竜」とも呼ばれ年率8～10％の高度経済成長を遂げた。次は，シンガポールやタイ，マレーシア，インドネシア，などの"東南アジア諸国連合"（ASEAN：Association of South-East Asian Nations)，そして，その後ASEANよりも賃金が安い中国への工場移転が急増している。

特に，シンガポールやマレーシアなどの"東南アジア諸国連合"（ASEAN)諸国は，我が国や米欧諸国からの工場進出や技術導入，あるいは莫大な外資の流入により1980年代後半から90年代にかけて高い経済成長を続けて発展してきた地域である。これらの国々の特徴は，市場を開放して自由経済体制の下，海外からの資金（外資）を受入れ工場誘致を積極的に行い，技術導入を進めてきたことである。また，輸出主導の経済成長政策によって国内産業を発展させてきた。

また，社会主義の国家体制を堅持している中国は，1978年に鄧小平による改革・開放政策による社会主義市場経済を推進して，日本をはじめ海外諸国からの工場誘致を積極的に推し進めて工業化・近代化を実現した。1978年10月鄧小平は中国首脳として初めて日本を訪問して，我が国の工業化路線による経済発展に驚き，中国の経済発展政策のモデルとして日本からの工業誘致を積極的に推し進め，中国の高度経済成長の基盤を創った。膨大な低賃金労働力の存在を梃子に，海外からの工場誘致に成功した中国は，世界の生産拠点・輸出基地として「大量生産・大量輸出」方式による高度経済成長を実現することができた。

また，我が国にとって地理的に近い中国は，当時の賃金（人件費）水準は我が国の20分の1以下，工場用地代は10分の1以下で，海外進出拠点として魅力ある立地条件を備えていた。円高に苦しむ我が国企業が中国に進出して，コスト圧縮に成功して「国際競争力」を維持できた理由もここにある。

我が国企業が人件費や地代が安いアジア地域へ工場を移転して，国内の「産業の空洞化」と「雇用機会の喪失」を引き起こし，さらに円高を利用してこれ

らの地域から安価な製品を我が国へ"逆輸入"して国内の競合産業の経営を圧迫し，国内物価下落⇒関連企業の利益圧縮⇒雇用縮小・・・国内産業の衰退・・・というような「デフレがデフレを呼ぶ」という"螺旋型の物価下落"（デフレ・スパイラル）を引き起こした誘因の一つが，この「円高」と「産業の空洞化」現象である。

3　円高進行によるドル建て資産の目減り

　円高が進むと，海外に保有しているドル建て資産や国内で保有されているドル通貨の資産価値が目減りしていく。我が国が海外で保有しているドル資産には，海外の銀行預金，機関投資家[10]（institutional investors）等が保有している海外の社債や国債などの債券や株式，企業が買った海外の土地やビル等の不動産，企業が建設した海外の工場や建物などがある。

(1)　急増する外貨準備高

　また，我が国が保有しているドル資産には，国内で保有されている銀行保有のドルや政府・日銀が保有している「外貨準備高」がある。第10章で取り上げるが，我が国は外需主導で経済成長を実現してきたために，製造業を中心とする輸出産業を守るために急激な円高のたびに円高阻止の市場介入を積極的に実施してきており，政府・日銀保有の外貨準備高が増加してきた。特に，2003年から2004年にかけて円高・ドル安が進み，我が国政府・通貨当局（日銀）は03～04年の両年にかけて円換算して約35兆円の円売り・ドル買いの市場介入を実施した。結果的に，我が国政府が保有する外貨準備残高は急速に増加して約100兆円規模を記録した。急激な円高になるたびに我が国政府・日銀はドル買い介入を行っている。

(2)　日本の超低金利：円キャリー取引

　ただ，2004年の4月以降は，我が国政府・日銀による市場介入は行われていない。外国為替市場で民間投資家によるドル買い・円売り現象，すなわち通称

第2章　日本経済の動向

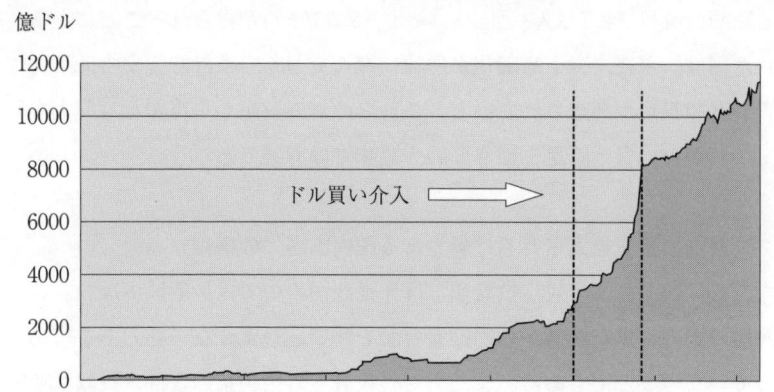

図表2－5　外貨準備高の推移

ドル買い介入 →

(資料) 財務省外貨準備データから引用。

「円キャリートレード（carry trade）」[11]現象が起こった。所謂，民間投資家による為替売買による円高是正である。

4　対外純資産

ところで，日本人が海外で保有している債権（対外資産）から海外に対する債務（対外負債）を差し引いたものが「対外純資産」である。これが1990年度に過去最大になり我が国は「世界一の債権大国」になった。今後，これらの対外資産が円高が進むことで大きく目減りしていく危険性がある。

(1)　対外純資産額：21年間連続世界第1位

今や，我が国は輸出で稼いだ外貨（経常収支の黒字額）を国内投資に向けずに，海外で運用することで膨大な海外資産（特に，米ドル建て資産：銀行預金や米国債，社債，株式，建物・土地などの不動産etc）を構築し，世界一の債権大国となっている。これが過去21年間連続して世界第1位を維持してきた「対外純資産大国」である。ちなみに，2011年度の対外純資産残高は253兆100億円である[12]。

39

この結果，我が国は輸出で稼ぐよりもこれまで蓄積してきた対外資産から得られる巨額の所得（利子収入や配当金，地代，家賃等々）が得られることになる。

我が国は，現在，少子高齢化が急速に進んでおり，家計貯蓄率の低下と国内投資資金の不足が懸念されている。これらの対外資産から得られる莫大な収入は，これからの資金不足を補うという意味では有益であろう。

(2) 対内投資を拡大させる"魅力ある国内市場"の構築

ただし，我が国の"対内投資額"は先進諸国の中では極端に少ない。これは，我が国の国内市場が海外からの投資資金を呼び込むような"魅力ある市場"に育っていないことでもある。また，対外投資も外国企業の合併・買収（M＆A）や生産設備等の工場建設，不動産投資などの直接投資は少なく，株式や国債・社債等の証券投資が多いことが懸念材料である。為替レートの変動により為替損失のリスクを抱える危険性がある。そのためにも，今後，海外から投資資金を呼び込んで国内投資を活発化していけば，国内生産が拡大して雇用の増加，国民所得の増加が期待され，我が国の経済成長率も上昇していくであろう。

資金の海外流出が我が国のデフレの原因であり，資金を国内へ還流させる「経済構造」（魅力ある市場）を構築することが先決条件となる。我が国の「構造改革」（structural reform）が急がれる所以でもある。

第5節　日本経済の今後の検討課題

我が国は，現在世界経済のグローバル化の進展と円高の影響もあり，企業の海外移転，すなわち「産業の空洞化」（industrial hollowing）現象に直面している。さらに，出生率の低下による少子高齢化が進み，将来における経済成長率の低下（低位安定性）が避けられない状況にある。

また我が国は，依然として世界最大の債権国であるが，日本の政府債務残高（2011年度末）は，地方政府の債務（地方債）を合わせると約1,000兆円が見込まれ，国内総生産（GDP）比約210％と世界最大を記録する。国民1人当たりに

換算すると約794万円の負債を負っていることになる。

　このような状況下，我が国の進むべき方向は従来型の"規格・大量生産"型の産業構造から"注文・少量生産"型，"高品質・高付加価値"型の産業構造への転換が喫緊の課題になっている。すなわち，工業製品は人件費の安い海外での生産に委ねて，国内の主要産業を，精密機器，バイオ技術産業，高度医療技術などの"高付加価値"産業分野，および情報通信，医療・介護福祉，サービス分野へとシフトさせていく経済戦略を練っていく必要がある。

　また，新興経済諸国（BRICs）が世界経済発展の原動力としての中心的役割を果たし，世界での影響力を広げる可能性が大きい。今後，BRICs諸国の経済成長は国民の所得水準を上昇させて，世界における一大消費センターとして世界を牽引していく潜在力を秘めている。我が国にとっては，地政学的にも有利な立地条件に恵まれ，高品質・高付加価値商品を開発し輸出する機会でもある。

　特に，我が国の豊かな国土，豊富な海洋資源に恵まれている立地条件を生かして，農業・海洋資源大国として経済再生をはかっていく絶好の機会（チャンス）でもある。そのためには，高度技術，高品質の農水産業を支える人材を育てていく必要がある。人材育成のための教育投資が喫緊の課題となる。

【注】

1）1997年の消費税率引き上げ等の橋本政権による財政再建路線への回帰。
2）2007年のサブプライム・ローン問題に端を発した世界同時不況，2008年のリーマンブラザーズ証券会社の倒産に端を発したアメリカの金融危機とそれに連動して顕在化した世界的金融危機。
3）デフレ・スパイラルとは，物価の持続的下落と景気後退現象とが渦を巻きながら「相互作用」（スパイラル）的に際限なく進行していく現象で，物価下落⇒企業売上減少⇒企業利益と賃金・報酬減少⇒設備投資や雇用の減少⇒個人消費の低下と売上減少⇒国内需要の減少⇒物価下落・・・⇒・・・，と際限なく連鎖反応を引き起こしながら"景気後退の悪循環"に陥っていく現象をいう。
4）オーストリア出身のアメリカの経済学者，J. A. シュンペーター（Joseph A Schumpeter：1883年〜1950年）によって，著書『経済発展の理論』（1911年）の中で使われた。我が国では，「革新」「新機軸」「新結合」などと訳される。企業家の「創

第Ⅰ部　世界経済の動向と日本経済

造的破壊」が資本主義経済発展の原動力と主張。資本主義は創造的な企業家のイノベーション（innovation）によってダイナミックに発展していくと主張。我が国では，1958年の『経済白書』において，イノベーションが技術革新と訳された。

5）2012年度の我が国の対外純資産額は，約296兆3150億円と，1991年以来22年連続世界第1位を記録し続けている。

6）我が国では，1998年まで外国為替銀行法に基づき免許を受けた銀行のみが外国為替取引に携わってきた。この外国為替業務に携わる銀行を「外国為替銀行」（通称，外為銀行：為銀とも呼ぶ）という。1998年（平成10年）に外国為替銀行法の廃止に伴い外国為替銀行も廃止された。

7）イギリスの経済学者 D. リカード（D. Ricardo）の「比較生産費の理論」では，国際貿易および国際分業の基本は，ある国におけるさまざまな商品の生産費を他国の商品の生産費と比較して，生産費が安い（国際競争力がある）商品を当該国で生産し海外へ輸出し，逆に生産費が高い（国際競争力に劣る）商品を海外から輸入することで，当該国および交易相手国の双方とも利益を得て世界経済が発展していくという"自由貿易論"を主張した。リカードの自由貿易論はこのような国際分業の利益を「比較生産費説」（比較優位の原理）という形で理論化したものである。

8）通常，外貨準備の適正水準は「貿易輸入額の約3カ月分程度」，「外貨建ての短期債務残高分」が基準となると言われている。我が国の場合，2012年11月の輸入額は約6兆円程度であるので，外貨準備高は約18兆円＋α程度が適正規模となる。我が国は，外貨準備高が適正規模を大きく上回る約100兆円を記録している。

　なお，「外貨準備高」に関連する議論に関しては，下記の文献において分かりやすく解説されている。

　　※三橋規宏・内田茂男・池田吉紀共著『ゼミナール日本経済入門』（第25版）　日本経済新聞社，2012年。

9）国内工場の海外移転による「産業の空洞化」の進行は，当該工場で雇用されている従業員の仕事がなくなり，さらに原材料や部品等を納入していた関連企業に大きな打撃を与え，また工場周辺で営業している商店街の売り上げや地方自治体の税収にも大きな影響を与える。所謂「地域経済の衰退」にも直結する。

10）機関投資家とは，個人投資家以外の金融市場で巨額の資産運用を行っている投資信託や年金基金，保険会社などの法人企業体のことを指す。

11）円キャリートレードとは，民間の投資家が日本の低金利で円資金を調達して，海外の高金利国で資金を運用していくこと。外国為替市場で円売り・ドル買い現象が起こる。

12）財務省「平成23年度末本邦対外資産負債残高」報告書。政府や個人，企業が海外で保有するドル建て資産総額（日本の対外資産総額）から外国の政府，個人，企業が日本国内で保有するドル建て資産総額（対日投資額：日本にとっての負債）を差し引いた対外純資産残高。これは，日本政府が外国為替市場で為替介入による外貨買いや，日本企業が海外で行う対外投資（外国企業の合併や買収（M＆A）等々）によって年々増大している。

第3章　日本経済と金融市場

　経済のグローバル化が急速に進展する中で，その影響が最も大きく表れているのが「金融市場」(financial market) である。
　「経済のグローバル化」(economic globalization) は，経済の国境をなくしてモノやサービスの移動をスムーズにして，併せて人やお金の動きを活発化させ，世界の経済的な結びつきを強め，世界経済を発展させていく。20世紀から21世紀にかけての，この10～20年余りの間にアメリカを中心に情報技術（ＩＴ）の急速な発展による情報化社会（マルチメディア：multimedia 社会）の出現，金融の自由化等々，金融市場を舞台に世界経済は大きな変革の時代に入り，従来は経済の"潤滑油"的な存在でしかなかった金融の役割が，実体経済を左右しかねないような大きな影響を及ぼす経済の主役の座に躍り出てきた感がある。
　特に，21世紀に入ってのグローバル経済の動きの中心は「新興経済大国」（BRICs）と呼ばれる国々の動向にある。サブプライム・ローン問題から派生したリーマンブラザーズ証券の経営破綻による金融危機によって，アメリカの景気が減速してもＢＲＩＣｓ諸国が世界の景気を下支えし，牽引していく限り，世界経済は成長を約束されるという所謂「カップリング理論」（世界経済は相互に密接に結びついているという世界経済の「連動性」理論）が現実のものになりつつある。
　2007年のサブプライム・ローン問題を契機とした世界同時不況，さらに2008年のリーマンブラザーズ証券会社の経営破綻に端を発したアメリカの金融危機が欧州諸国へと波及し世界金融危機を誘発し，金融の世界経済への急速な「伝播」(propagation) が近年の特徴である。これは，21世紀に入って一段と鮮明に進んでいる世界経済のグローバル化の動きが世界の金融市場に波及してきた結果である。国際的な金融の連動性が日々強まってきている証左でもある。

第Ⅰ部　世界経済の動向と日本経済

本章では，金融の動きをみれば"世界経済の潮流"や"一国の実体経済"が的確に把握できることを前提に，金融市場と日本経済の動向について考察していく。

第1節　金融と金融市場

「金融」(finance) とは，"資金の融通""資金の貸し借り"を意味しており，資金が余っているところから不足しているところへお金が流れていくことである。実体経済の必要に応じて資金が供給されれば，経済活動が活発化し，一国の経済を成長させていく。金融は経済の「潤滑油」と呼ばれ，経済が成長，発展していくためには必要不可欠のものである。

だが，一国内で必要とされる通貨の量のコントロールを誤ると金融は一人歩きをして経済を混乱させる。通貨を一国内で適切に流通させるシステムが金融システムであり，金融市場である。

金融市場の役割は，経済活動に必要な資金を供給・循環させることである。資金の十分な供給によって経済活動を支え，経済規模を拡大，成長させることができる。経済の様々な動き，すなわち物価変動や景気変動の原因は，一国内で流通している通貨の量（通常，これを通貨供給量：money supply という）の動きにある。実体経済で流通している通貨供給量は，その国の経済活動の大きさ，すなわち「経済規模」（GDP）に応じて決まっていくのであり，これより多く通貨が供給されると"通貨の膨張"，すなわち「物価上昇」（インフレーション：inflation）=「通貨価値の下落」が起こり，これより少ないと"通貨の収縮"，すなわち「物価下落」（デフレーション：deflation）=「通貨価値の上昇」が起こる。通貨の国内流通量は，常に，その国の経済規模に応じて流通していく必要がある。このような国内市場で流通している「通貨供給量」（マネー・サプライ：money supply)[1]を適切にコントロールしていくのが，通貨当局，つまり「中央銀行」（Central Bank）の役割である。中央銀行は，常に通貨の供給量を適切に管理していくことを求められており，それによって通貨価値の安定，す

なわち物価安定が維持され，ひいては経済の安定的な成長が約束されるのである。

1　金融の定義

さて，現代の経済社会では多くの経済主体がさまざまな経済活動や経済取引を行っている。このような社会では，貨幣なしで経済行為を行うことはできない。また，現実の実体経済では経済活動や経済取引を行う際に，資金が不足する人と資金に余裕がある人が存在している。そのような場合に「金融」(finance)の果たす役割は極めて重要になる。

「金融」とは，"資金の融通"（資金の貸し借り）であり，資金が余っている個人や企業から不足している個人や企業へお金が流れていくことである。また，具体的なお金の流れは，一国全体の経済活動の中から生み出されていく。すなわち，経済活動を行う経済主体は，民間経済の「家計」(household) と「企業」(business firm)，および「政府」(government) の三つの部門に分けることができる。これら三部門で行われる経済活動や経済取引において発生する余剰資金や資金不足が金融取引を形成していく。

例えば，家計部門 (household sector) では，名目所得から税金や保険料などを差し引いた「可処分所得」(disposable income) が実際の生活資金となり，この可処分所得から生活のための消費支出を差し引いた残りが「貯蓄」(saving) となる。この貯蓄が資金供給源となる。また，企業部門 (corporate sector) では，企業を経営していく際には経営資金が必要であり，企業の自己資金だけで足りない場合，資金の不足分を一時的に借り入れによって調達する場合もある。政府部門 (government sector) では，租税収入により財政支出を賄うが，税収が不足する場合には国債を発行（赤字財政）して財政資金を調達する。このような資金の余剰部門である家計の貯蓄が資金の不足部門である企業や政府へお金が貸し出されて，一国全体から見た場合，資金の循環が起こり，経済活動が活発化していくのである。

このような資金の貸し借り（金融）がスムーズにいくようにする"仕組み"

が「金融システム」、あるいは「金融市場」である。

2　金融システム

金融システム（financial system）には、間接金融方式と直接金融方式の二つの形態がある。また、金融市場（financial market）には取引期間の長短によって、短期金融市場と長期金融市場に分けられる。通常、資金の融通期間が1年未満の場合を「短期金融市場」といい、1年以上の場合を「長期金融市場」という。

(1) 間 接 金 融

まず「間接金融」（indirect finance）とは、資金の貸し手が金融仲介機関である「銀行」を通じて間接的に借り手に融資する方式で、資金の貸し手は「預金」という形で銀行に資金を預け、銀行は預かった預金を銀行の責任の下で貸出しを行う。仮に、借り手が返済不能になった場合、金融仲介機関である銀行が責任を負う。

(2) 直 接 金 融

これに対して「直接金融」（direct finance）は、貸し手が借り手に直接資金を融資する方式で、金融仲介機関を介さない資金の貸し借りが行われ、返済不能等の金融リスクは貸し手が直接に負うことになる。直接金融の金融機関としては証券会社があるが、証券会社は貸し手（個人投資家）と借り手（企業）の間で証券の仲介を行うだけで、金融リスクは資金の貸し手が負う。直接金融方式としては、株式や債券（国債や社債）などの有価証券の発行によって行われる。株式や証券等の取引市場を「資本市場」（capital market）ともいう。

3　金 融 市 場

金融市場は、取引期間の長短によって、短期金融市場と長期金融市場に分けられる。資金の融通期間が1年未満の場合を「短期金融市場」といい、1年以上の場合を「長期金融市場」という。

(1) 短期金融市場

「短期金融市場」(short-term money market)には、銀行や証券会社、信託、信用金庫・信組などの金融機関だけが資金を融通し合う「インターバンク市場」と、金融機関だけでなく投資信託や年金基金、保険会社などの「機関投資家」(institutional investors)や一般企業も参加できる「オープン市場」がある。

インターバンク市場は、金融機関同士が資金の過不足を融通し合う場で、さらにコール市場と手形市場がある。コール市場(call market)は、借りた資金を翌日返す極めて短い資金取引の場であり[2]、手形市場は、金融機関同士で手形を売買することによって資金を融通し合うところである。金融機関は、中央銀行(日本銀行)に口座を開設しているので、資金の融通は日銀の口座を用いて行われる。日本銀行は、実質的にこのインターバンク市場を介して金融政策を実施し、市場介入を行う。その際、日銀が市場介入によって政策的に誘導しようとする金利が「無担保コール翌日物金利」である。

オープン市場は、金融機関だけではなく一般企業や機関投資家が参加して資金の融通を行うところであり、この市場は債券現先、ＣＤ(譲渡性預金)、ＣＰ(コマーシャルペーパー)、ＴＢ(割引短期国債)、ＦＢ(政府短期証券)等の金融商品を取り引きする短期金融市場である。

(2) 長期金融市場

これに対して、長期金融市場(long-term monetary market)は、資金の融資期間が１年以上の長期の資本取引を行う金融市場である。通称、「資本市場」(capital market)ともいう。一般個人や企業、および投資信託や年金基金、保険会社などの機関投資家など幅広く開放されている金融市場で、(1)株式市場や公社債市場などの「証券市場」と、(2)長期信用銀行や生命保険会社、日本開発銀行等の政府金融機関からなる「長期貸付市場」に分けられる。また、長期金融市場の金利である長期市場金利は、長期国債の流通利回りのことをいう。ここで流通利回りとは、既に発行されている債券(既発債)が市場で取り引きされるときの利回りである。債券の利回りとは、債券投資の"儲け率"のことである。

4 融資と出資

ここで,金融の概念として「融資」概念と「出資」(あるいは,投資)概念について解説しておく。

通常,企業の資金調達方法には,次の三つの方法がある。
(1) 銀行等の金融機関から借り入れる方法(融資)。
(2) 企業が社債を発行して投資家から直接に資金を借り入れる方法(融資)。
(3) 企業が株式を発行して投資家から経営資金(資本金)を調達する方法(出資)。

この場合,上記の(1)と(2)の融資を受ける場合は,資金の借り入れであるので,借り入れた資金は一定の金利をつけて返済する義務を負う。これに対して,(3)の株式発行による資本金の調達は,投資家による企業経営への資金参加であり,資本金の提供(出資)であるので,企業は返済の義務を負わない。その代わり,投資家(株主)は企業が利益を上げた場合には,出資比率に応じて利益の配分を受ける権利を有する。この利益の配分を"配当"といい,これには「現金配当」と「株式配当」がある[3]。

ここで,社債発行と株式発行であるが,社債と株式の違いは,有価証券[4]を発行して資金を集めるという点では同じであるが,社債の発行が,資金の貸し手(融資者)から借入れ資金を集めることであるのに対して,株式発行は企業の経営資金を出資者(投資者)から集めることである。この場合,株式の購入者である株主にとって,株式の購入は企業に対する出資(資本参加)であるので,株主は出資金の返還(払い戻し)の請求はできない。ここで,株式発行によって集められた資金は「自己資本」(equity capital)となる。これに対して,社債は資金の借り入れであるので金利をつけて返済する義務がある。この場合,社債発行によって集められた資金は"会社債務"であるので「他人資本」(borrowed capital)となる。

第2節　通貨の供給
―マネー・サプライの測定―

　本節では，通貨の供給について考察する。現代の経済社会において流通している通貨の総量を「マネー・サプライ」（通貨供給量：money supply）という。

　マネー・サプライには，紙幣や硬貨のような実際に流通している現金通貨だけではなく，普通預金や定期性預金の残高などの銀行預金の残高も含まれる。また，マネー・サプライの決定において重要な役割を果たしているのが民間銀行による「信用創造」（credit creation）である。信用創造とは，民間銀行（市中銀行）が受け入れた預金を貸し出すことによって，最初の預金の何倍かの預金が創出されることをいい，このような信用創造によって，民間部門で通貨が新たに供給されることになる。これを「内部通貨」（inside money）といい，中央銀行（日本銀行）が供給し管理している通貨―「ベース・マネー」（Base Money）あるいは「ハイパワード・マネー」（High-Powered Money）―と区別される。この中央銀行が供給する通貨のことを（民間部門にとって外部から供給される通貨という意味で）「外部通貨」（outside money）という[5]。マネー・サプライを考える場合，中央銀行によって供給される外部通貨と同時に民間銀行の信用創造による内部通貨が重要な役割を果たすことになる。

　本節では，まず「マネー・サプライの概念」について説明を行い，次に「マネー・サプライの決定メカニズム」について考察する。

1　マネー・サプライの概念

　現代社会においては，通貨供給量（マネー・サプライ）は，中央銀行（我が国では，日本銀行：BJ，Bank of Japan）および民間の市中銀行を中心とした金融機関によって決定される。通貨供給量（マネー・サプライ）とは統計上の通貨の定義で，これには，「現金通貨」と「預金通貨」がある[6]。ここで，"通貨"とは流通過程において交換手段や支払い手段として実際に使用されている流通通貨から派生した言葉である。通常，交換手段や支払い手段として必要に応じて

即座に使える通貨の機能を「流動性」(liquidity) という。現金通貨や預金通貨（普通預金，当座預金[7]等の要求払い預金）は流動性が高い通貨とみることができる。

このため，統計上，我が国の通貨供給量（マネー・サプライ）は，流動性の度合いに応じて通貨概念をM_1（エム・ワン），M_2（エム・ツウ）などに分類している。M_1とは，狭義の通貨供給量（マネー・サプライ）のことで，流動性の高い「現金通貨」と「預金通貨」からなり，M_2は，このM_1に「定期性預金」との合計をいう。さらに，M_2に通貨の1つである「譲渡性預金：ＣＤ」を加えたM_2＋ＣＤから成るわけである。また，M_2に「郵便貯金」や「貸付信託」などを含めたものをM_3（エム・スリー）という。このなかで，統計的にはM_2＋ＣＤが最もよく使用されている。

これらのうち，M_2は物価や景気，金利を支配する要因として特に重要視されている。

＜マネー・サプライの概念＞

M_1＝現金通貨＋要求払い預金

M_2＝M_1＋定期性預金（準通貨），M_2＋ＣＤ＝M_2＋譲渡性預金

M_3＝M_2＋郵便貯金，信託 etc，M_3＋ＣＤ＝M_3＋譲渡性預金

以上，マネー・サプライ（通貨供給量：money supply）の概念について説明してきたが，マネー・サプライとは，金融機関以外の民間の家計や企業が保有する通貨量のことで，これは中央銀行によって管理される。マネー・サプライは，通常①現金通貨（cash currency）──紙幣と硬貨──，②預金通貨（deposit money）──要求払い預金（demand deposit）──，③準通貨（quasi money）──定期性預金（term deposit）──等々を合わせたものと定義できよう。

2 通貨供給のメカニズム

民間経済で流通しているマネー・サプライ（通貨供給量：money supply）は，基本的には，中央銀行が民間金融機関が持ち込む商業手形などの債券を担保に

して通貨（現金通貨）を貸し出したり，債券を購入して通貨を手渡したり，あるいは公債を引き受けたりすることによって通貨が民間経済に供給（注入）される。このような民間金融機関等を通じた中央銀行による通貨の供給以外に，民間の銀行部門が行う「信用創造」による通貨供給ルートがある。すなわち，通常，民間銀行は預かった預金をすべて支払い準備のために手元に保管する必要はなく，一部を支払い準備金として保有して残りを新たに貸し出すことができる。この貸し出された資金が銀行に預金され，さらにその資金の一部を手元に保管して，残りが貸し出される。これを銀行の「信用創造」（credit creation）といい，このような民間銀行による信用創造により民間銀行によって通貨が次々に供給されていく。これを銀行の信用創造のメカニズムという。したがって，マネー・サプライには，中央銀行が供給する現金通貨以外に民間銀行が行う信用創造（貸出し）による通貨の供給があることになる。このような民間銀行による信用創造という信用供与（貸出し）を通じて，中央銀行の現金通貨の供給額以上の通貨が供給されることになる。

3　信用創造と通貨乗数

　銀行預金の特徴として，銀行は，新たに預け入れられた預金額（これを本源的預金：primary deposit という）のうちの一部を「支払い準備金」（預金の引出しに備えた準備金）として「手元現金」および「中央銀行への預金」（これを，法定準備金という）という形で保有し，残りの資金を過剰準備として貸し出しに回す。貸し出された資金は通常，当座預金[7]として銀行に預け入れられる（これを派生的預金：derivative deposit という）ことが多いので，銀行は，それを元に支払い準備金の残りをさらに貸し出すことができる。したがって，銀行は，最初に受け入れた預金額の何倍もの貸し出しを行うことができる。結果的には，全体的にみて"本源的預金"の増加分と"派生的預金"の増加分だけ通貨量が増えることになる。こうした過程を銀行の「信用創造」（credit creation）といい，銀行全体で預金の増加額は最初の銀行預金の乗数倍となる。これを「貨幣乗数」（money multiplier）という。

第Ⅰ部　世界経済の動向と日本経済

　このように銀行の信用創造には，実質的には経済全体で流通する通貨量を増殖させるはたらきがある。この場合，預金に対する支払い準備金の比率を支払い準備率という。ここで，支払い準備率をx，支払い準備金の金額をR，預金総額をDとすれば，支払い準備率xは，

$$(3\text{-}1) \quad x = \frac{R}{D}$$

と定義できる。

<信用創造メカニズム>

　このように銀行による信用創造プロセスを通じて，仮に銀行の預金総額に対する支払い準備率をxとした場合，A銀行に対する最初の新しい1単位の預金は，B銀行で$(1-x)$の預金が生まれ，さらに，C銀行で$(1-x)^2$の預金が生み出されていく。このようなことが繰り返されると，結果的には，預金通貨の総量は$(\frac{1}{x})$にまで増大していく。

　これを，具体的にみていくと，以下のように定式化できよう。

　銀行の預金総額に対する支払い準備率が10％の場合，A銀行に100億円の預金（本源的預金）があるとすれば，A銀行は10億円を支払い準備として残し，90億円を貸し出すことができる。この90億円がB銀行に預金されると，B銀行はこれをもとにその90％の81億円をさらに貸し出すことができる。また，この81億円がC銀行に預金されると，C銀行はこれをもとにその90％である72億9千万円を貸し出すことができる。

　以下，同様なことが行われれば，最初の本源的預金を含めて創造される預金の量は，次式のようになる。

$$100 + 90 + 81 + 72.9 + \cdots\cdots = 100 + [1 + 0.9 + (0.9)^2 + (0.9)^3]$$
$$= 100 \left(\frac{1}{1-0.9}\right) = 100 \times 10 = 1{,}000$$

第3章　日本経済と金融市場

図表3−1　信　用　創　造　　　　　　　　　（単位：億円）

銀　　　行	A	B	C	………	総　　計
預　　　金	100	90	81	………	1,000
支払い準備金	10	9	8.1	………	100
貸　　　出	90	81	72.9	………	900

　すなわち，最初の預金額の［1／支払い準備率］倍，すなわち10倍（1,000億円）まで預金を増やすことができる。この場合，900億円が信用創造されたことになる。

　以上のような信用創造メカニズムを定式化すれば，次式のようになる。

(3-2)　信用創造による預金総額＝本源的預金×$\dfrac{1}{支払い準備率 x}$

(3-3)　信用創造額＝預金総額−本源的預金

　ここで，支払い準備率 x の逆数 $\dfrac{1}{x}$ を貨幣乗数といい，最初の1単位の現金通貨を「ベース・マネー」(Base Money) あるいは「ハイパワード・マネー」(High-Powered Money) という。すなわち，1単位の現金通貨で何倍もの預金通貨が生み出されるわけである。

4　ベース・マネー

　このように，通貨（M_1）は，現金通貨と預金通貨から構成され，民間経済で流通するベース・マネー（外部通貨）の乗数倍の預金通貨（内部通貨）が存在する。そしてもし通貨乗数が安定しているなら，中央銀行（我が国では日本銀行）は，ベース・マネーの供給量をコントロールすることによって，総通貨供給量（マネー・サプライ）全体を管理することができる。

　中央銀行は，政府や民間の市中銀行から国債などの債券や外貨を購入したり，市中（民間）銀行への資金の貸出を行うことによって，通貨を民間経済に流通（注入）させるが，このようにして供給された通貨を「ベース・マネー」(Base Money)，あるいは「ハイパワード・マネー」(High-Powered Money)[8] という。

ベース・マネーとは，(1)「民間の人々が保有する現金通貨（民間で流通している通貨：紙幣と硬貨）」と(2)「民間銀行が保有する支払い準備金（日銀への預け金：法定準備金＋市中銀行の保有現金）の合計をいう。これは高出力通貨とも訳され，ベース・マネーの何倍かの貨幣供給が可能となることから，ハイパワード・マネーとも呼ばれるわけである。

第3節　金融政策の目的と手段

「金融政策」(monetary policy)の目的は，中央銀行（通貨当局）が経済の実態に応じて通貨を安定的に供給するとともに，通貨供給量の調節を通じて，(1)物価の安定（通貨価値の安定），(2)経済の安定と成長，(3)国際収支の均衡（あるいは，為替レートの安定）を実現することにある。

金融政策によって，政策金利（公定歩合）を変更したり，あるいは通貨供給量（マネー・サプライ）をコントロールすることで実体経済に影響を及ぼす。具体的には，政策金利の操作や公開市場操作等による「ベース・マネー」(Base Money)あるは「ハイパワード・マネー」(High-Powered Money)をコントロールする。これによって，市中で流通するマネー・サプライ（通貨供給量：money supply）に影響を及ぼし，市場利子率の変化を通じて民間部門の投資支出や貯蓄（消費支出）が間接的に影響を受ける。

＜海外取引と国内通貨流通量＞ ―国際収支の均衡―

現代のように，経済活動がグローバル化し，国際取引が活発化すると，国際取引によって国内の通貨流通量が変化し，国内の物価や景気に大きな影響を及ぼすことになる。

例えば，海外への輸出が増加すると，海外から輸出代金として外貨が持ち込まれ，これを自国通貨に換えることによって，国内の通貨流通量が増加していくことになる。国内の通貨流通量の増大は，国内金利や物価へ跳ね上がり景気過熱へと波及していく。これとは反対に，輸入が輸出を上回ると，海外への輸

入代金の支払いとして自国通貨が外貨に換えられることで，国内通貨が減少していく。国内通貨の減少は，物価下落と景気後退へと連鎖していく。したがって，国際収支の均衡は，国内の通貨流通量を安定させるので，物価安定と景気安定の前提条件になる。

〔金融政策の目的と手段〕

　金融政策の目的は，(1)物価の安定（通貨価値の安定），(2)経済の安定と成長，(3)国際収支の均衡にある。また，金融政策の目的を実現させる具体的な政策手段として，1．公定歩合操作政策（金利政策），2．公開市場操作政策，3．支払い準備率（預金準備率）操作政策，の三つがある[9]。

1　公定歩合操作政策

　公定歩合（official rate, rediscount rate）とは，中央銀行（日銀）が民間の市中銀行（民間銀行）へ資金を貸し出すときの金利をいう。これは，市中銀行などの金融機関が民間企業や家計，あるいは政府などへ資金を融資する際の貸出金利や，預金の際の預金金利の基礎となる。具体的には，市中銀行が民間企業に貸出す資金が不足した場合に，その保有する商業手形を担保として借り入れる際の金利，あるいは手持ちの満期前の手形を日銀が買い取る場合の再割引率をいう。日銀の公定歩合による資金の貸出を"日銀貸出し"ともいう。

　通常，公定歩合操作とは，中央銀行（日銀）が公定歩合を変更することによって，マネー・サプライ（通貨供給量）を操作し，景気の調節や物価の安定を行う政策である。これは，「金利政策」ともいい通貨当局（中央銀行）が行う金融政策の中でも最も重要な政策手段であった。

　公定歩合の操作は，市中で流通している通貨供給量（マネー・サプライ）を操作する方法でもある。公定歩合の引き下げは，市中銀行の中央銀行からの借入れを容易にし，借り入れた潤沢な資金を民間に貸し出すことができるようになる。これよって民間の借入が増加し，さらに市中銀行の信用創造が拡大し，市中に出回るマネー・サプライが増加する。これによって景気回復が可能になる。

2　公開市場操作政策

公開市場操作（オープンマーケット・オペレーション：open market operation）とは，中央銀行が市中のマネー・サプライを直接コントロールする通貨供給方式である。具体的には，金融市場で中央銀行が民間銀行や証券会社等の金融機関との間で手形や債券などの有価証券の売買を通じて，金融機関のベース・マネー（ハイパワード・マネー）を調節して市場の通貨流通量（マネー・サプライ）に影響を与えて，景気の調整や物価の安定をはかる政策である。

中央銀行がその保有している有価証券を売却して，民間銀行が保有する資金を回収—中央銀行に吸収（還流）—する場合を「売りオペレーション」（略して，売りオペ：selling operation）という。この場合，中央銀行による有価証券の売却によって市場で流通している通貨が中央銀行へ回収され，市場で流通しているマネー・サプライ（通貨供給量）が減少していく。逆に，中央銀行が民間銀行の保有している手形や債券（国債等）の有価証券を購入して，民間銀行に代金を払う場合を「買いオペレーション」（買いオペ：buying operation）という。この場合，有価証券の購入により通貨が中央銀行から市場へ流入し，市場で流通するマネー・サプライが増加していく。

A　売りオペレーション（売り操作）

景気が過熱し，インフレ気味のときには，中央銀行が手持ちの有価証券を売りに出すことによって，市中の資金を中央銀行へ吸収（還流）することで市場で流通している通貨供給量が抑制される。このとき，金利は上昇する。この政策は金融の引締時に採用される。

B　買いオペレーション（買い操作）

景気が停滞しているときには，中央銀行が市中の金融機関などから有価証券を買い入れることによって通貨供給量を増やし，民間に出回る資金を増やす。この場合には，通貨（紙幣：中央銀行券）が市中に放出（注入）されるので，通

貨供給量（マネー・サプライ）は増加し，金利は低下する。いわゆる，金融の緩和政策である。

このように，公開市場操作は中央銀行と市中の金融機関との間で有価証券の売買（売りオペと買いオペ）を行うことによって市場で流通している通貨量を調節し，金融市場を直接的にコントロールしていく政策である。

3 支払い準備率操作政策

「支払い準備率」(reserve ratio) 操作とは，中央銀行が支払い準備率を操作することによって，直接に民間銀行の貸出資金量を調節し，市中で流通している通貨量をコントロールしていく政策である。別名，「預金準備率操作政策」ともいう。

この場合，支払い準備率（預金準備率）とは，市中の金融機関が受け入れた預金の一定割合を，預金引き出し等の支払いに備えて現金で保有しなければならない比率である。これには，「中央銀行に強制的に預け入れさせる部分」（これを法定準備金：required reserve ratio といい，これは無利息の預け入れとなる）と「市中銀行自身が手元に現金を保有する部分」とがある。このような支払い準備率制度は，預金者への現金の払い戻しや支払いを確実にすることによって，民間の金融機関に対する預金者の信頼を確保することを目的としている。

これによって，民間銀行の貸出能力や信用創造量を直接的にコントロールできることになる。この場合，支払い準備率（預金準備率）の比率が高いほど信用創造力は低下し，市中での通貨流通量は少なくなる。逆に，この比率が低いほど信用創造力は大きくなり，市中での通貨流通量は多くなる。このように，支払い準備率の操作は金融政策の一つの有力な手段ともなっている。

具体的には，景気が過熱しているときには，支払い準備率を引き上げて，資金を中央銀行へ吸収（還流）させることで市中に出回る通貨供給量を減らし市中金利を引き上げて，景気の過熱を鎮静化させる。また，景気が停滞しているときには，支払い準備率を引き下げて，通貨供給量を増やし市中金利を低下させていく。これによって，民間の資金需要を刺激し，景気回復をはかることが

可能となる。

この支払い準備率操作は，米国の中央銀行である連邦準備制度理事会（FRB：Federal Reserve Board）で始めて実施され，わが国には1957年に導入された。

＜金利の変化と為替レートの変化を通じた経済効果＞

中央銀行（日本銀行）による政策金利（公定歩合：日銀が民間金融機関に貸し出すさいの金利：手形割引金利）の引き下げ効果については，以下のものが考えられる。

まず第1に，民間企業の資金繰りが楽になり，設備投資需要が拡大される。第2に，民間の消費者（家計）の貯蓄意欲の低下と消費の増大がみられる。さらに第3の効果として，国内金利が低下すれば相対的に海外の金利を高めるので，国内の資金の一部が海外へ流出する。これは，外貨買い・邦貨売りになるので為替レートを引き下げ（通貨安：円安），さらに輸出（外需）の増大と輸入の減少という対外ルートを通じて，当該国の総需要を拡大させる効果を持っている。

このように金利の低下は，投資や消費を増大させるだけでなく，為替レートの変化を通じて輸出の増大と輸入の減少を誘引させる。投資や消費の増大は，生産物やサービスへの需要増加（投資財や消費財への需要拡大）であるので，生産や雇用を拡大させる[10]。さらに，為替レートの変化（円安）は輸出を増加させるので輸出財産業の生産拡大と雇用増加をもたらす。このような投資や消費という「国内需要」（内需）と輸出という「海外需要」（外需）の増大という総需要（有効需要）の拡大効果は，必然的に国内の生産と雇用の拡大に繋がり景気を刺激していく。

第4節　日本経済と金融政策

金融のグローバル化，金融の自由化の進展で，金融政策の中心的指標が，伝統的な金融政策である"公定歩合"の変更という「金利政策」から，非伝統的

な金融政策である"マネー・サプライ"（通貨供給量：money supply）の管理という「数量調整政策」へと変わってきた。

このような金融政策の大転換の背景として，上記のように金融のグローバル化，金融の自由化が進む中で，(1)企業の資金調達手段として，銀行を仲介とする「間接金融」（銀行融資）方式から株式や社債の発行など資本市場から直接に資金を調達する「直接金融」方式への転換の必要性が出てきたこと。また，(2)「金融の自由化」の進展で，銀行が自由に貸し出し金利を設定できるようになり，「間接金融」（銀行融資）方式による金利政策の効果が低下してきたことがその理由である。

このように，金融のグローバル化や自由化の進展は，従来の公定歩合政策（金利政策）中心の伝統的な金融政策ではなく市中で流通しているマネー・サプライを直接コントロールする公開市場操作政策，すなわち「数量調整政策」の方がより効果的となってきている。

本節では，世界の金融を巡る環境変化により，我が国の金融政策が大きく変化していること。さらに，我が国が長期景気停滞から脱却していくためには，従来の伝統的金融政策ではなく，非伝統的金融政策へ政策の舵を切り替える必要性が出てきたことを考察する。

1　伝統的金融政策と非伝統的金融政策

金融のグローバル化，金融の自由化の進展で，金融政策の中心的指標が，伝統的な金融政策である"公定歩合"の変更という「金利政策」から，非伝統的な金融政策である"マネー・サプライ"（通貨供給量：money supply）の管理という「数量調整政策」（量的金融調整政策）へと変わってきている。

この量的金融調整政策とは，それまで主流であった政策金利[11]（公定歩合）を主体とした金融政策に代えて，政策目標を資金量（日銀当座預金残高）をコントロールするという新たな政策目標に据えて，市中銀行が日銀に開設している当座預金の預金残高の増加を通じて通貨供給量（マネー・サプライ）を増やす政策のことである。

第Ⅰ部　世界経済の動向と日本経済

この非伝統的金融緩和政策は,「消費者物価指数の前年比上昇率がゼロパーセントを超えるまで行う」と言う政策目標(時間軸政策)を掲げたもので,所謂,デフレ経済からの脱却を目標にした新たな戦略的政策ともいえる。

2　ゼロ金利政策と量的金融緩和政策

日本経済は,バブル崩壊以後経済が長期にわたり停滞し,1996年以降物価の持続的下落に見舞われ,1998年以降,消費者物価指数がマイナスを記録しデフレーション経済に陥っている。このような状況を打開するために,我が国の中央銀行である日本銀行は景気回復のために幾度となく政策金利を引き下げる金融緩和政策を実施してきた。具体的には,1999年2月15日に銀行間で取引する短期金融市場の金利である「無担保コール翌日物(オーバーナイト)」金利をゼロ％に誘導するゼロ金利政策が実施された。しかし,景気停滞は改善されずに,経済は引き続き需要不足が続き物価は下落基調にあった。

＜ゼロ金利政策(伝統的金融政策)の限界＞

ところで,バブル経済崩壊後の日本経済の状況は,金融を緩和してもマネーは銀行に滞留し,消費や投資に回らない状況にあった。これは当時の銀行が抱えている「不良債権」が莫大なものであったので銀行が融資に慎重になり,企業も国内景気の低迷で売れ行きが伸びなくて設備投資に慎重になったことが考えられる。1998年頃から日本はデフレ経済に陥っており,国民は物価の下落傾向を予想しており,物価下落時には金融緩和をしても増加したマネーは貯蓄され,投資支出や消費支出には回らなくなり金融政策の効果は低下していく。

＜流動性の罠＞　―ゼロ金利下での金融政策の限界―

通常,ゼロ金利の下では「資金を預金で保有」していても「現金で保有」していても同じであるから,人々は現金を手元に留めておくことを選び(これを,「通貨の退蔵」という),ゆえに金融機関に預けられる「預金通貨」(M_2)の量が減少し,これが物価の下落を引き起こす要因ともなる。

3　流動性の罠

　現在，日本経済は「流動性の罠」(liquidity trap) に陥っている。流動性の罠とは，金融緩和によって金利が極端に低い水準（例えば，ゼロ金利近く：図表3－2のr_z）に低下している場合，中央銀行が流動性（通貨）を供給しても，流動性に対する需要（投機的動機に基づく貨幣需要：$L=L(r)$）が無限大となり，金融緩和政策の効果が失われる現象をいう。

　これは，不況下で金利がゼロ近くに下落すると，債券などの金融資産から得られる利息が得られなくなり―この現象は，経済学的な表現を使うと，貨幣保有のコスト，つまり「機会費用」（さもなければ得られたはずの利子収入）がゼロになることである―，人々は資産保有形態を債券等の金融資産ではなく，貨幣で保有しようとする。この場合，投機的需要が無限大になり投機的需要曲線Lは図表3－2のLのように水平になる。この現象を「流動性の罠」という。

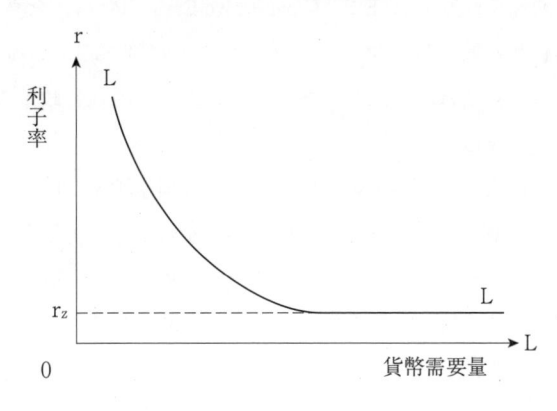

図表3－2　流動性の罠

特に，「流動性の罠」が起こるのは，「安全資産」[12]に対する人々の選好が高いときに起こる現象で，不況下では，株式や不動産等の「リスク資産」の保有を回避し現金や国債などの安全資産を保有しようとする強い選好が見られる。リスク資産の価格が下がっても需要が増えず，安全資産である現金を保有しよ

うとする傾向が強い。これが資産デフレを引き起こし景気を一層悪化させる要因になる。

日本経済の現状は，デフレの中での金余り現象つまり「過剰流動性」の状況下にある。流動性の罠に陥った場合，物価下落の状況下でも名目金利はゼロ以下に下がらないために，実質金利が上昇していく。この結果，持続的な物価下落というデフレーション経済においては民間の投資需要や消費需要が伸びず，景気がさらに悪化していくという「デフレ・スパイラル」(deflationary spiral) 現象が起こる恐れがある。日本経済はまさにそのような状況下にある。穏やかなインフレを誘導して，実質金利を低下させていく政策，すなわち「インフレターゲティング」(inflation targeting) 論[13]が唱えられる所以である。

4　量的金融緩和政策

このように「流動性の罠」という経済状況の下では，金融を緩和（低金利政策の実施）しても資金の流れが国内経済へ円滑に循環しないので，日銀は2001年3月に「量的緩和政策」（ＱＥＰ：Quantitative Easing Policy）を導入した。

金融の量的緩和政策とは，マネー・サプライ（通貨供給量：money supply）に焦点を当てる新しい金融緩和政策である。この量的金融緩和政策の経済波及経路は，次のようになる。

民間銀行は，日銀に"預金準備"口座として「当座預金口座」を開設している。日銀が量的金融緩和を実施して，民間銀行から手形や国債などの金融資産を買い取り代金を民間銀行の日銀当座預金口座に振り込み，資金供給を拡大させると，民間銀行は手持ちの預金準備が過剰になり資金を市場で活用する必要に迫られる。結果的に，日銀の資金供給の拡大により民間銀行の手持ち資金が民間企業等へ低金利で貸し出されて資金が投資や消費需要へと回流する。

第5節　デフレ経済からの脱却のための手段

1　非伝統的金融政策の実施

　2001年3月19日以降，我が国政府・通貨当局（日本銀行）は，デフレ経済からの脱却を目標に，金融市場での主要操作目標を「金利」（無担保コールレート・オーバーナイト（翌日）物）から「資金量」（日銀当座預金残高）に変更した。所謂，量的緩和政策の実施である。2003年末の段階での当座預金残高は，約30兆円超であると言われていた。日銀によるこのような巨額の流動性の供給は，金融機関の資金調達を容易にして金融システムの安定化を下支えした。

　従来の伝統的金融政策から政策の舵を180度転換して非伝統的な金融政策である新しい金融政策として採用されたのが，この「量的緩和政策」（QEP）である。

2　金融の量的緩和政策導入の背景

　このように，我が国の金融政策は，政策の主軸が公定歩合などの金利政策からマネー・サプライ（通貨供給量：money supply）管理へと移行することになる。

　理由は，(1)長期の景気低迷で政策金利がゼロ％近くに低下し，これ以上金融緩和を続けることが不可能になったこと（我が国が「流動性の罠」に陥ったこと）。および，(2)「金融の自由化」の進展で，日銀の公定歩合操作政策の効果が低下してきたこと。各銀行独自の判断で金利を決めるようになるから，公定歩合の操作で市場金利をコントロールできなくなってきたことがある。さらに，(3)企業の資本市場からの資金調達力の向上と銀行からの借り入れ依存度の低下。まだ大企業が中心であるが，株式や社債の発行によって直接に資本市場から資金を調達するようになってきたことである。以前は，銀行からの借り入れという間接金融方式が中心であったが，バブル経済崩壊後の銀行の不良債権問題に端を発した間接金融方式の機能麻痺以来，直接金融方式に切り替わる傾向にある。

これは，従来の伝統的な経済理論でいう投資関数，つまり金利の高さが投資を決定するという投資決定理論が通用しにくくなってきたことをも意味する。

このように，伝統的な金利政策よりも市中で出回るマネー・サプライ（通貨供給量）を直接操作する「公開市場操作」（マネー・オペレーション）の方式に金融政策の軸足が移行してきたといえる。

3　時間軸政策としての量的金融緩和政策

前項で検討してきたように，金融の量的緩和政策とは，具体的には，金融政策の目標を「金利」（無担保コール・翌日物）から「資金量」（日本銀行の当座預金残高）に切り替えて金融緩和を実施する政策のことで，中央銀行（日銀）が国債や手形，あるいは外貨などを大量に買い入れることによって，ベースマネー（ハイパワードマネー）を増やし，これによって市中のマネー・サプライ（通貨供給量：money supply）を増やして，経済を成長させる方法である。具体的には，民間金融機関が日銀に開設している当座預金口座に業務上の必要額を大きく上回る資金を供給する政策である。

量的緩和政策の目的としては，下記の2点が考えられる。

(1) 金融システムの安定化効果：日銀が大胆な買いオペを実施することにより，市中銀行保有の手元資金を豊富にし，資金繰り不足による金融危機を未然に防ぐ。

(2) デフレ脱却効果：金融機関が保有している豊富な資金を企業への貸し出しなど「リスク資産」に注入することで，資金を実需へ波及させる。

金利を政策的にゼロにまで引き下げると，金利を通じたそれ以上の金融緩和は実質的に不可能になる。そこで，日銀は「金利はゼロ％が下限だが，資金量を目標にすれば，金利がゼロ％であっても大量の資金を供給することで，一段の緩和効果を生むことができる」という論理で，市中銀行に大量の短期資金を供給し，量的な側面からの金融緩和政策を実施した。ただし，この量的金融緩和政策は「消費者物価指数の前年比上昇率が安定的にゼロ％以上になるまで継続する」という条件付で，物価上昇を目標にしたものである。

このように，政策目標をある条件が整うまでという限定条件付きで行う政策のことを「時間軸政策」(time axis policy) という。

4　金融の量的緩和政策の具体的方法

金融の量的緩和政策の具体的方法として，中央銀行（日本銀行）が金融機関から長期国債などの債券を大量に買い取って市中金融機関へ資金を供給し（このような中央銀行から市中銀行へ供給される資金を，ベース・マネー：base money という），市中で流通する通貨供給量（マネー・サプライ：money supply）を増やしていく方法である。所謂，国債等の安全資産を購入する買いオペレーション（公開市場操作）を積極的に実施することにより，市中銀行が自由に使える日銀の当座預金残高を増やしていったのである[14]。

通常，民間銀行は，現金の支払いに備え余った資金を中央銀行（日銀）の当座預金に預けている。量的な金融緩和は，主にこの日銀当座預金残高を使って資金の流れをコントロールするものであり，具体的には，日銀が民間銀行から手形や国債などの有価証券を大量に購入して，その購入代金を日銀の当座預金に入金することである。このようにして，日銀が民間銀行に直接お金を供給して日銀の当座預金残高を増やし，通貨を市中へ放流させることで，市中銀行から企業へ資金が貸し出されしやすくするものである。換言すれば，金融機関から民間企業へマネーが還流しやすくしようとする政策である。

このような金融政策の目標を金利ではなく日銀当座預金残高に設定する「量的緩和政策」（ＱＥＰ）は，我が国では2006年3月まで続けられた。そして，我が国経済に景気の回復が見られたとして日銀は2006年3月に解除に踏み切った。また，最近では，デフレからの脱却を目標に量的金融緩和政策を再開して，国債などの安全資産以外に株式等のリスク資産をも購入する動きがある（安倍内閣のアベノミクスの基本政策である「インフレ・ターゲティング論」を参照）。

＜海外での事例＞

また，このような非伝統的な金融緩和政策の海外での実施事例としては，最

近では，サブプライムローン問題から金融危機を引き起こし「世界同時不況」の震源地となったアメリカにおいて，2009年3月から2011年6月まで量的緩和政策が実施された。また，その他にイギリスなどでも実施され，これが世界での過剰資金供給を生み出し，世界市場での投機資金として穀物や原油価格の高騰を招き，さらに新興経済国（BRICs）における物価上昇やバブルを引き起こす要因にもなった。

5　量的金融緩和政策の問題点

　ただし，このような金融緩和政策は，「ベース・マネー」（Base Money）あるいは「ハイパワード・マネー」（High-Powered Money）の大量供給に過ぎないことに留意すべきである。というのは，1990年代からの長期にわたる経済停滞の本質は，金融機関から民間企業へマネーが還流しない所謂"資金の滞留"（貸し渋り現象：クレジットクランチ）にあるからである。これは，日本の金融機関の「自己資本比率」[15]の低さが資金貸し出し誘因を低下させていたことも一因である。このような信用不安の状況下で，いくら金融の量的緩和政策を実施してベースマネーを増やし続けても，政策の効果が上がるとは考えられない。景気回復への処方箋は，中・長期的視点から見た政策，つまり「金融機関の自己資本比率を改善する方策」や国内での新産業の育成や海外からの投資を促進させる規制緩和や撤廃などの「構造改革」（structural reform）が必要となる。

＜従来型の金融政策の罠＞

　ベースマネーの供給量を増やすことがそのまま景気回復に直結すると言う考えは，不良債権問題や自己資本比率の低下などの信用不安が存在しない正常な経済状況下において当てはまる金融政策である。このいわばマネタリスト的な政策は，現在の日本経済には必ずしもそのままの形では当てはまるとは言えない。この政策は，現在の日本経済を下支えする役割を果たしていることは否定できないが，量的緩和政策のみが金融政策ではないものと考えられる。

第6節　インフレ・ターゲティング論

　1990年代に入ってバブル経済が崩壊し，政策当局はさまざまな景気対策を実施してきた。しかし，経済は一時期を除いて浮揚（離陸）せずに今日に至っている。

　バブル崩壊後，我が国政府は度重なる財政支出を試みたが効果は出ず巨額の財政赤字（約1,000兆円に上る国債発行残高）を生み出した。金融政策も政策金利の引き下げを行い，名目金利をこれ以上下げることができないゼロ金利水準に到達している。これ以上マネー・サプライ（money supply）を増加しても単に貨幣需要の増加に吸収されて，金融政策の効果が十分に発揮されないという所謂「流動性の罠」（liquidity trap）に陥っている。

　我が国経済は，"財政の崖"（財政赤字）と"流動性の罠"（金融政策の限界），及び"財政資金の壁"（財政政策の限界）に直面している。マクロ経済政策の手詰まりの中で，日本経済をデフレから脱出させる有効な政策手段として出てきたのが「インフレ・ターゲティング」（inflation targeting）論である。

1　名目利子率と実質利子率

　1990年代の日本経済は，バブル経済の崩壊による地価や株価の下落によって企業や家計の「バランスシート」（balance sheet）[16]を悪化させ，投資や消費を萎縮させた。

　土地や株式等の資産価格が下落すると，資産の価値自体が減価するのに対して債務自体は残るから，企業や家計のバランスシートは悪化して，債務の返済のために投資や消費を抑制せざるを得なくなるからである。このような投資や消費等の総需要の縮小は，景気をさらに悪化させ，物価下落を促進し，"物価の下落がさらに物価下落を生む"という「デフレ・スパイラル」という悪循環を生み出すことになる。このようなデフレーションの進行は，次式 (3-4) のように名目利子率（nominal interest rate）から物価変動分を差し引いた実質利子

率（real interest rate）を上昇させる。デフレ下においては，たとえ名目利子率がゼロであっても実質利子率を上昇させ，企業設備投資などの民間投資を抑制させるという状況をもたらしているのである。

ゼロ金利の状況下では，金融当局は金利の引下げによって総需要を拡大させることができなくなり，実質的に金融緩和政策の効果が低下してしまう。それだけではなく，物価が下落していれば，次式のように実質利子率を押し上げる。

ここで，実質利子率は名目利子率から物価変動分を差し引いたものであるから，次式が成立する。

(3-4)　実質利子率＝名目利子率－物価変動

上式（3-4）から，ゼロ金利の下では，金利の引き下げを行っても名目利子率はこれ以上下がらないために（名目金利の非負制約），物価下落は実質利子率をプラスに転じさせ，さらに物価の持続的下落は実質利子率を上昇させていく。このような状況下では，実質利子率の上昇が民間の設備投資等を減少させていく。

このことから分かることは，現実の経済状況を見る際に重要になる指標は，名目利子率ではなく実質利子率の動きである。デフレ経済下では，ゼロ金利で金融が十分に緩和されているように見えても，物価水準がマイナス値をとっているので，実質利子率はその分高くなっているわけである。

2　貨幣と物価の遮断 —デフレ・スパイラルの淵—

＜ゼロ金利政策とデフレーションの進行＞

ゼロ金利政策とデフレーションの進行は，下記の貨幣数量方程式（3-5）で示される通貨Mと物価Pの関係を「遮断」（interception）するものと考えることができる。したがって，通貨当局（日銀）による伝統的な金融政策（金利政策）は機能せず，また日銀の非伝統的な金融政策（量的金融緩和政策）の効果も低下していると考えられる。

日本経済は「流動性の罠」に陥っている。これが物価下落を引き起こし—デ

フレの罠—,「デフレ・スパイラルの淵」に立っていると考えられる。

　現在,安倍内閣が推進しているデフレ脱却のための「インフレ政策」(アベノミクス)は,「貨幣数量説」に立脚したものである。我が国のデフレが単なる貨幣的現象か否か,様々な議論が展開されている。

　ここでは,我が国のデフレ現象が「貨幣的」現象であるという主張(デフレ脱却論)を,以下,「貨幣数量説」に従って考察する。

(1) 貨幣数量説

　さて,貨幣数量説とは,マネー・サプライ(貨幣供給量)と物価との関係を示すものであり,貨幣の供給量に比例して物価水準が決定されるという考え方である。その具体的な形には,フィッシャー(I. Fisher)の交換方程式(equation of exchange)やケンブリッジ現金残高方程式(cash-balance equation)がある。

　フィッシャーの交換方程式は,貨幣供給量をM,貨幣の流通速度をV[17],物価水準をP,財・サービスの取引量をTとすれば,次式のように定式化される。

(3-5)　$MV = PT$

　ここで,上式(3-5)の右辺の取引数量Tを測定することは現実問題として困難な問題である。そこで,この問題を回避するために,取引数量Tを実質国民所得Yで置き換えれば,次式が得られる。

(3-6)　$MV = PY$

　上式(3-6)を変形し,貨幣の流通速度の逆数$\frac{1}{V}$をkとおけば($k = \frac{1}{V}$),次式が得られる。kは,通称「マーシャルのk」と呼ばれる。

(3-7)　$M = kPY$

　上式(3-7)は,ケンブリッジ学派の現金残高方程式で,左辺のMは貨幣の供給量を表し,右辺のkPYは貨幣の需要量を表している。ここで,PYは名目国民所得であるので,右辺のkPY(貨幣需要量)は名目国民所得(PY)に

一定割合（マーシャルのk）を掛けたものである。kは，名目国民所得（ＰＹ）のうち人々が保有したいと考える貨幣需要の割合である。

またマーシャルのkは，k＝M／ＰＹから，貨幣供給量Mと名目国民所得ＰＹの比率であるので，これは一国の経済規模（名目ＧＤＰ）ＰＹに対して貨幣の供給量Mが適切な水準か否かの指標を表している。名目ＧＤＰを1としたときに貨幣の供給量が何倍であるかを示している。したがって，マーシャルのkの値が大きいほど貨幣の流通量が多いことが分かる。

上式（3-7）で，マーシャルのkと実質国民所得Y（経済全体の取引量）を一定と仮定すれば，貨幣供給量Mの増加は一般物価水準Pを比例的に上昇させることが理解される。

この貨幣数量説に従えば，我が国は長期のデフレーション（deflation）に苦しんでいるので，政策的にデフレから脱却していくためには，貨幣供給量Mの増大が必要となる。逆にインフレを阻止するためにはMの縮小が必要となってくる。

このような貨幣数量説に従えば，我が国経済を蘇生させる，すなわちデフレ経済から脱却するためには，マネー・サプライ（通貨供給量：money supply）を増加させて，インフレを引き起こすことが先決条件となる。現在（2013年5月），安倍内閣が推進しようとしている"アベノミクス"の柱が，このような緩やかなインフレを引き起こして景気を回復させる「インフレ・ターゲティング」（inflation targeting）論である。

(2) フィッシャー効果

フィッシャー効果とは，名目利子率はインフレ率を反映するという考え方で，物価上昇が進行してインフレ期待（期待インフレ率）が高まると，長期的には期待インフレ率と同じだけ名目利子率が上昇し，実質利子率および実体経済での実質所得には影響が及ばないという理論である[18]。

フィッシャー効果は，次式のように定式化される。

> (3-8)　名目利子率＝実質利子率＋期待インフレ率

　上式（3-8）は，物価上昇率（インフレ率）の期待が高いほど名目利子率が高くなることを示している。この式を逆に解釈すれば，物価下落率（デフレ率）の期待が高ければ高いほど，名目利子率は低くなることを示している。

　だが，現在の我が国では，バブル崩壊以降景気対策のために金利引き下げが行われており，1999年2月からは政策金利は実質ゼロ％に近い水準で推移している。所謂「流動性の罠」の状態に陥っている，すなわち，現在の我が国経済はフィッシャー効果は当てはまらない状況にあると言える。

　金利をこれ以上引き下げることができない，換言すれば，ゼロ金利の下で，名目金利をマイナスにできない「流動性の罠」の状況下，我が国経済は物価下落が進行しているので，国民経済はデフレ期待の下にあると言える。

　ここで，上式（3-8）を入れ替えると，次式（3-9）が得られる。

> (3-9)　実質利子率＝名目利子率－期待インフレ率

　上式（3-9）から，物価が下がりデフレ期待が進行している中では，実質利子率は上昇していくことが分かる。

　前記方程式（3-8）と上式（3-9）から，マネー・サプライMが増大すれば，物価Pは上昇し，物価が上昇すれば実質利子率が低下する。実質利子率の低下は，民間の設備投資等を刺激して，投資拡大⇒生産増加⇒雇用拡大⇒所得増加⇒消費増加⇒企業売上増加⇒投資拡大・・・というように民間需要を刺激して国内経済を活性化していくものと考えられる。長い間苦しんできた日本経済のデフレ脱却の手段としてインフレーション（inflation）を引き起こす「インフレ・ターゲティング」理論が主張される所以はここにある。

(3) デフレ・スパイラル

　また，我が国のように「流動性の罠」に陥って名目利子率の低下余地がない状況下では，現実の総需要水準が潜在的生産水準（完全雇用生産水準）を下回る

第Ⅰ部　世界経済の動向と日本経済

「デフレ・ギャップ」（deflationary gap）の存在は，一般物価のさらなる下落は「デフレがデフレを呼ぶ」という経済の悪循環が発生する。これが，所謂「デフレ・スパイラル」（deflationary spiral）現象である。

そして，さらに低金利政策により名目利子率がゼロ近くにまで低下しているにもかかわらず，物価下落が進行し続けた場合，上式（3-9）のように名目利子率から物価上昇率を差し引いた"実質利子率"が上昇し，実質利子率の上昇が民間の設備投資を一層減少させることで，デフレ・ギャップがさらに拡大する。

以上，本章で検討してきたように，1990年代後半に日本経済で見られたような低金利政策が景気浮揚に効果がなかったのは，銀行の不良債権の存在と物価水準がマイナス値を示し所謂「デフレーション」が進行しており，実質利子率が高止まりしていたことが主要な要因と見做すことができる。

本節で考察してきたように，金利をこれ以上下げることができない場合，別の代替的な金融政策が必要であり，政策金利の代わりに採用されたのが「量的緩和政策」（ＱＥＰ：Quantitative Easing Policy）であり，「インフレ・ターゲティング」（inflation targeting）論である。

【注】

1）通貨供給量（マネー・サプライ）とは，金融機関以外の家計や企業などの民間の非金融部門が保持している現金や普通預金，当座預金，定期預金などの通貨の総量をいう。
2）ここで取り引きされる資金を貸し手の方からはコール・ローン（call loan）と呼び，借り手側からはコール・マネー（call money）という。
3）株式（stock）とは，企業に出資（資本投資）した額に応じた「所有権」（出資証書）である。この株式を売買する市場が「株式市場」（stock market）であり，株式を発行した企業の業績や将来性に応じて株式相場，あるいは株式価格が決まる。
　一般的に，株式や債券，土地などの資産の値上がりによる利益を「キャピタルゲイン」（capital gain）といい，値下がりによる損失を「キャピタルロス」（capital loss）という。
4）有価証券とは，財産に関する権利や義務が記された証書のことで，株式や債券，小切手や手形，商品券，船荷証券や倉庫証券，貨物引換証などがある。

第3章　日本経済と金融市場

5）内部通貨と外部通貨については，J. G. Gurler and E. S. Shaw, *Money in a Theory of Finance*, Brookings Institution, 1960（桜井欣一郎訳『貨幣と金融』至誠堂，1963）を参照。
6）ここで，一国で供給される通貨には，我が国では中央銀行（日本銀行）が発行する"日本銀行券"（紙幣）と政府が発行する"補助貨幣"（硬貨）などの「現金通貨」がある。しかし，現実経済では現金通貨と同じ役割を果たしているものに銀行や郵便局などの金融機関に預けてある「要求払い預金」（demand deposit）がある。
　　財・サービスの購入の際，（支払い手段としての）通貨の基本的機能を"換金性"または"流動性"の高さに求めれば，「現金通貨」と要求払い預金である「預金通貨」（普通預金，当座預金等々）は流動性（換金性）が高い通貨とみることができる。これを，M_1（エム・ワン）と呼んでいる。
　　これに対して，定期性預金は満期にならなければ現金化できないので，普通預金や当座預金等の要求払い預金に比べて流動性（換金性）が劣る。ただ，定期性預金を担保に借入が出来たり，あるいはこれを解約し現金化すれば支払い手段として通貨と同じように機能するから，定期性預金を通貨に準じるとみなし，これを「準通貨」（quasi money）あるいは「近似通貨」（near money）と呼んでいる。上記のM_1に，この準通貨としての定期性預金を加えたものが，M_2（エム・ツー）である。
　　詳細については，拙著『マクロ経済学』税務経理協会　2010年5月20日（初版第3刷）pp.147〜150を参照。
7）当座預金とは，多額の金額が取引される際に小切手や手形によって決済するために預け入れる預金で，いつでも自由に引き出せる無期限，無利子の銀行預金である。また，当座預金は，これを引当にして小切手を発行できるから，支払い手段としての「通貨」とみなすことができる。
8）M. フリードマン（Milton Friedman）の用語で，高動力貨幣あるいは高出力貨幣ともいう。これは，中央銀行が民間銀行に貨幣を注入することにより，信用創造を通じてその何倍もの貨幣を生み出すことが可能になるという意味をもつ。また，これはハイパワード・マネーの何倍もの貨幣供給を可能とする原資の貨幣ということで，ベース・マネーとも呼ばれる。
9）このほかに，我が国独特の政策手段で，日本銀行が民間銀行の貸出額を規制する「窓口規制」（窓口指導）があったが，金融の国際化や自由化の中で1991年に廃止された。
10）また，投資財や消費財への需要増加分の一部は，海外からの輸入増加というかたちで輸入を拡大させる。
11）政策金利（bank rate）とは，中央銀行が市中銀行に融資する際の金利で，金融政策を実施する際の誘導目標となる金利である。我が国では，1994年9月まで公定歩合が政策金利であったが，1994年10月に，市中銀行の金利が自由化されるに伴い，公定歩合を利用して市中銀行の金利を操作することができなくなった。現在の政策金利は，1999年2月から無担保コール翌日物（オーバーナイト）金利になっている。

12) 安全資産（riskless assets）とは，現金，預金，長期国債などをいい，危険資産（risky assets）とは株式，不動産，外貨などを指している。我が国では，ゼロ金利政策が採用されて以降，むしろ銀行の貸し出しは減少している。銀行は安全資産として国債を大量に購入している。

　　安全資産と危険資産に関しては，拙著『マクロ経済学』税務経理協会 PP. 29〜30を参照。

13) クルーグマン（P. Krugman）は，日本経済は「流動性の罠」に陥っていると主張し，名目金利がゼロになっている状態では，金融政策は効果はなく，実質金利を下げるために「インフレ・ターゲット」論を提唱している。

　　Krugman, P., "It's Back ! Japan's Slump and the Return of the Liquidity Trap," *Brookings Papers on Economic Activity*, 1999, pp. 137〜205.'

14) この場合，従来の買いオペレーションでは，日銀が市中銀行から手形や国債などの有価証券を買い取り，代金を市中銀行の当座預金口座へ振り込み，当座預金残高を増加させて日銀の操作目標である政策金利（無担保コールレート・オーバーナイト物・翌日物無担保金利）を引き下げるものであった。しかし，2001年3月以降に採用された非伝統的な金融緩和政策は，買いオペレーションの目標が（ゼロ金利を前提とした状況下で）政策金利の引下げでなく，（銀行が直接利用できる資金である）日銀の当座預金残高の増加に置かれていた。

15) 本書第4章第3節を参照。

16) バランスシートとは「貸借対照表」のことで，ある一定時点における企業の財務状態を表すもの。企業の会計決算において，資産，負債，資本を対照表示させて企業の財務状態を明らかにする。資金の調達状況と資金の使途が明記され，資産，負債，資本状況を精査することで，企業経営の健全性などの判断基準となる。

17) ここで，貨幣の流通速度Vは，ある一定期間に貨幣1単位が何回使用され流通したかを示す平均的回数を示す。

18) フィッシャー効果については，下記の文献を参照。

　　Irving Fisher, *The Theory of Interest*, Macmillan. 1930.

第4章　我が国の金融システム改革

《バブル発生の要因》

　バブル発生の基本的要因は，1985年の「プラザ合意」に基づいてドル高是正の協調介入を実施し，ドル安・円高の市場介入を行ったことにある。我が国の政府と通貨当局（日本銀行）は，円高不況の発生を恐れ金融緩和政策を実施し，公定歩合を引き下げて貸し出しを増やし，マネー・サプライ（通貨供給量：money supply）を増大させた。

　民間銀行等の金融機関は，膨大な資金を低金利で貸し付け，過剰流動性が土地や株への投機資金として市場に放出された。その結果，土地や株などの資産価格が上昇し，資産インフレを引き起こし，土地や株の値上がりで多額の「キャピタルゲイン」（資本利得）を発生させて，この膨大な資産所得が，高額商品の購入へ流れ込んだ。

　また，我が国でバブル発生を後押しした間接的要因は，それまで有力な借り手であった日本の大企業が世界的な大企業に成長し，独自の信用力で銀行（間接金融）を介さずに自前で資本市場から資金の調達（直接金融）を行えるようになってきたことである。それにより銀行資金が信用力の低い中小企業や消費者金融，リース，クレジット，カード会社などのノンバンクへ向かったことによる。

――デフレの要因――

　本章で考察するように，銀行は「ＢＩＳ規制」によって自己資本比率の下限を決められており，この比率から見れば，貸し出しが増えて他方で収益が生まれなければ自己資本比率は低下する。この場合，自己資本比率を低下させないためには，貸し出しを抑制する以外にはないことになる。

第Ⅰ部　世界経済の動向と日本経済

不良債権問題の本質は，ＢＩＳ規制の基準がネックとなって金融機関の信用創造機能を停止させたことにある。ここに，バブル経済崩壊後の経済停滞の主要な要因が認められよう。つまり，資金が経済全体に循環しない構造ができてしまったわけである。マネー・サプライ（通貨供給量：money supply）の低下は，経済のデフレ化を誘引することになる。

【民間銀行の信用創造力の低下】

日銀は，近年「ベース・マネー」（Base Money）を増やしているが，銀行が創造している預金通貨は縮小している。したがって，預金通貨量をベースマネーで割った比率，つまり「信用乗数」は低下する（第3章第2節第3項を参照）。

第1節　銀行を仲介とする間接金融システム

銀行の機能は，全国の余った資金を集めて（預金機能），集めた資金を必要としている所へ流す（貸し出し機能）という経済社会の中で「資金を循環」させるという重要な役割を担っている。この場合，銀行に求められる最も重要な要因は「信用力」と「審査能力」である。バブルの発生と崩壊の過程で明らかになったのは銀行の「審査能力」の欠如である。過剰な資金を抱え込んだ銀行は，借り手の十分な審査もせずに国民から預かった大切なお金を貸付けた。

1　銀行の信用創造機能

銀行の重要な役割として，「信用創造」（credit creation）機能がある。銀行の信用創造機能とは，通貨を創造する機能である。通常，通貨を供給しているのは中央銀行（日本では日本銀行）であるが，民間の銀行（市中銀行）は預金された資金を貸し出すことによって，実質的に通貨を創造する機能を果たしている。これを，銀行の信用創造という。

本書の第3章第2節の3項で考察したように，銀行の「信用創造メカニズム」は以下の通りである。

まず，銀行は預金された資金を貸し出すが，この貸し出された資金の一部は銀行に預金され，この預金された資金がさらに貸し出される…繰り返し（略）…。このようにして預金⇒貸し出し⇒預金⇒貸し出し…・と言うように繰り返し貸し出されていくことによって，銀行による信用創造が行われ，通貨が創造される。その場合，最初の通貨1単位がどれ位新たな通貨を生み出していくかの"倍数"が「信用乗数」である。つまり，人体でいえば心臓の機能である。心臓が正常に機能していれば，体全体に血液が循環し酸素や栄養分が体のすみずみまで行き渡り，健康な体が維持される。

　銀行の信用創造機能は，（中央銀行によるベースマネーの供給以外に）銀行のみがマネーを作り出し，供給することができるシステムである。通常，銀行は預金者の資金で貸し出しを行っているように見えるが，銀行貸し出しが預金を生み出しているのである。したがって，銀行は通貨を創り出し，通貨を供給する機能を持つことができる。このような銀行の信用創造機能によって通貨（所謂，マネー・サプライ：通貨供給量）が経済社会全体に行き渡り循環していくことになる。これによって実体経済の活力が維持されることになる。

　銀行が有する信用創造機能を拡大させれば，それによって通貨供給量が増大して実体経済は拡大し，逆に，信用創造機能を縮小させれば，実体経済は縮小していく。つまり，銀行の信用創造機能は現実の経済活動に大きな役割を持っていることが分かる。

2　信用乗数の低下

　バブル経済の崩壊による資産価格の下落は，巨額の不良債権を生み出し，金融機関のバランスシートを毀損させた。この結果，銀行の与信能力（信用創造機能）が低下し，さらに「貸し渋り」や「貸しはがし」という金融萎縮現象を引き起こして，我が国経済は金融サイドから縮小していった。

　銀行が抱える巨額の不良債権の問題は，銀行の与信力を低下させ，信用創造機能を麻痺させた。このような銀行の信用創造機能の低下は，経済への通貨の供給を低下させて，通貨収縮⇒物価下落⇒デフレの発生という経路を辿って，

我が国の経済活動を委縮させて長期の経済停滞を招くことになった。

《平成不況の要因》

1. バブルの後遺症…バブル期の土地や株への過剰投資と，バブル崩壊後の地価と株価の下落による逆資産効果による消費支出の低下。
2. バランスシートの調整…債務返済優先による企業の設備投資抑制や個人の消費支出の減少。
3. 銀行貸し出しの萎縮…巨額の不良債権問題が金融不安を引き起こし，市場でのマネー・サプライ（通貨供給量）の流通量が低下した。

第2節　我が国における金融制度改革
—金融の自由化（金融ビッグバン）—

金融システムの改革 ——金融システムの再構築——

このような事態に対して，1996年11月第2次橋本内閣は，我が国の金融システムの再生を目指して日本版「金融ビッグバン」（金融の自由化）政策[1]を提唱した。金融ビッグバン政策の趣旨は，我が国における従来型の「護送船団方式」による金融機関の保護政策を廃止して，我が国の金融市場を(1)自由化し，(2)情報を開示（ディスクロージャー）して，(3)金融の透明で公正な市場を構築することにある。

1　金融ビッグバン

金融市場での健全な金融取引を押し進め，さらに金融法制度，および会計基準も「国際基準」(International Standard) にするというものであった。それは，市場の「競争原理」が機能する，①「フリー（Free）：自由」②「フェアー（Fair）：公正」③「グローバル（Global）：国際基準」を金融制度改革の柱とするものである。

日本の金融機関の国際競争力をつける。さらに，外国為替市場，株式市場などを育成・強化して，日本の東京をアメリカのニューヨークやイギリスのロン

ドンに匹敵する国際的金融市場に育成することにある。

我が国の金融システム改革の柱は，次の三つである。
1．金融市場の規制緩和と撤廃。さらに自由化を推し進め，市場の活性化，国際化を目指す。
2．金融市場の間接金融方式から直接金融方式への推進。預金中心から，資本市場，証券市場の育成を目指す。
3．日本の金融市場の再生。日本の金融市場を米国のニューヨーク，英国のロンドンに並ぶ国際金融センターに育て上げる。

金融の自由化の一つのねらいは，我が国の金融市場を「間接金融」方式から「直接金融」方式への移行，つまり資本市場を育成することにある。

2　金融行政の変化

我が国の金融行政は，従来の「裁量」型から「ルール」型へ変化していった。橋本内閣の金融制度改革は，さらに金融自由化によって我が国の金融行政を旧大蔵省（現財務省）主導の「裁量型」から金融庁監視の「ルール型」に変えたことである。これは従来の行政主導の護送船団行政（＝裁量型行政）から金融の自由化＝市場化に伴う競争のルール化へ金融行政が移行することを意味している。これは，金融行政の「事前指導」から「事後チェック」への移行でもある。

第3節　金融機関の健全性とＢＩＳ基準（自己資本比率）

このルール型の金融行政は，所謂1998年に導入された「早期是正措置」による。これは，政府（金融庁）が自己資本比率に基づいて，金融機関の経営内容の健全性をチェックして，業務の改善を指示するものである。

1　自己資本比率

金融の自由化・国際化の進展に伴って，金融機関が直面するリスクが多様化・複雑化する中で，銀行の自己資本比率に基づく貸し出し規制は，1992年度

末以降,国際業務を行う銀行は8％以上の自己資本比率を義務付けられた。一方,国内業務のみの銀行には4％以上という国内基準が課せられている。

したがって,金融機関の健全性を測る指標である「自己資本比率」は,国内業務だけの金融機関の場合の基準(国内基準)は4％以上であり,国際業務(海外に支店や営業所を持っている)を行っている金融機関は,BIS(国際決済銀行)合意に基づく「自己資本比率」の基準(通称,BIS基準)に従って8％以上となる。

自己資本比率は,銀行が保有するリスク資産の残高を分母に,自己資本残高を分子にとった比率である。つまり,銀行が貸出資金のなかで回収不能となる部分である不良債権にどのくらい耐えられるかの目安が「自己資本比率」である。この目安として,「株式の含み益」と「自己資本」がある。ここで「自己資本」というのは,株式の発行によって株主から集めた事業資金(資本金と資本準備金),税引き後の利益の積み立て資金(利益準備率)など,銀行が自由に使える資金である。

BIS基準[2]では,国際業務を行っている金融機関は,貸し出しなどの総資産に対して自己資本を8％以上保有しておく必要がある。これは,万が一貸し出し資本が回収できない場合,貸し倒れ損失などが貸し出し金額の8％発生しても対応できるようにしておく資金である。この場合,BIS基準が国内基準と違う点は,自己資本の中に有価証券の含み益が加わること,および総資産を危険度別に区分して計算していることである(図表4-1を参照)。

$$(4\text{-}1) \quad 自己資本比率(\%) = \frac{基本的自己資本 + 補完的自己資本}{総資産} \times 100 \geqq 8\%$$

ここで,(1)基本的自己資本は,資本金,資本準備金,利益準備金,当期利益(税引き後)から成り,また(2)補完的自己資本は,有価証券の含み益,貸し倒れ引当金,劣後債から構成される。

上式(4-1)から,自己資本比率を高めるには,分子の「基本的自己資本」と「補完的な自己資本」を大きくするか,あるいは分母の総資産を小さくする必要がある。この場合,何らかの理由で自己資本が減少したら,BIS基準を

満たすには，分母の総資産を減らす必要がある。この場合，銀行は融資を圧縮し，国債などの「安全資産」(riskless assets)を増やせば，自己資本比率を高めることができる。

図表4－1　総資産の危険度別区分

危険度（%）	資産の種類
0 %	現金，国債など
0 ～ 50%	中央政府以外の公共部門向け債券
20%	銀行向け融資
50%	抵当権付の住宅ローン
100%	企業向け融資

2　自己資本比率と信用創造

このように，銀行はＢＩＳ規制によって自己資本比率の下限を決められており，この比率から見れば，銀行の融資が増え，他方で銀行収益が十分に回収できなければ自己資本比率は低下する。この場合，自己資本比率を低下させないためには，貸し出しを抑制する以外にはないことになる。不良債権問題の本質は，金融機関の信用創造機能を停止させることにある。

また，バブル崩壊後の日本経済の長期停滞は，金融機関の不良債権問題が根本的要因であった。銀行の巨額の不良債権処理には，銀行保有の自己資本を充てるので，自己資本が減少していくと，銀行は自己資本比率を維持していくために貸し出しを減らし，新しい新規融資が抑制され（所謂，「貸し渋り」現象），さらに貸付資金を回収するという「貸しはがし」現象まで起きて，日本経済は金融市場の機能不全（麻痺）に陥り，経済活動が停滞していった。これがバブル崩壊後の日本経済の長期停滞の一つの要因でもあった。

【注】

1）金融ビッグバンとは，1986年にイギリスのロンドン証券取引所で行われた証券制度

の大改革を「ビッグバン」(Big Bang) と呼んだ。我が国では，1996年11月に橋本内閣が提唱して，東京証券取引市場をロンドンの金融街シティーやニューヨークの金融街ウォール街のような世界三大金融センターに育成するという目標の下で，大規模な金融制度改革を2001年を目途に実施する方針を示した。2002年以降，銀行・証券・保険の三大金融業界の代理業務解禁の規制改革が進んだ。所謂，日本版「金融ビッグバン」である。ちなみに金融ビッグバンとは，宇宙創造の際の大爆発から命名されたものである。

2) ＢＩＳ基準とは，国際業務を行う銀行の自己資本比率に関する国際統一基準のことで，国際的な金融システムの安定化や健全性などを目的として，スイスのバーゼルにある銀行の銀行「国際決済銀行」(Bank for International Settlements：ＢＩＳ) が1988年7月に創った国際ルール。1992年12月末から適用が開始された。我が国では，1993年3月末から適用された。

　このＢＩＳ基準については，国際決済銀行（ＢＩＳ）のバーゼル銀行監督委員会が2004年6月末に1988年時のルールを改定し，新ルール（自己資本比率：バーゼルⅡ）を公表した。我が国では，この新ルール（バーゼルⅡ）による新ＢＩＳ規制は，2006年3月に規則化され，翌年の2007年3月から実施された。

補　論

―日本経済の構造改革とＴＰＰ交渉―

　国内の様々な規制や輸入制限，業界系列の存在etcが，我が国の低生産性産業部門の「高コスト構造」を形成して"国際競争力"を妨げている。我が国の低生産性部門，つまり高コスト産業・業界である農業，建設部門や運輸，医療・金融部門の効率化を促す必要がある。これらの産業は，我が国の"岩盤規制"分野（役所「省庁」や業界団体などの政府規制に守られた既得権益団体）は，業界への新規参入や規制緩和を阻止し既得権益を維持しようとしている。

　現在，安倍内閣が推進している"日本経済再生"のための「新経済政策」（アベノミクス）が掲げる経済成長戦略（所謂「アベノミクス」の"第三の矢"）も，現時点では精彩を欠いたものになっている。このような岩盤規制を突き崩す戦略上のカギと言われている「ＴＰＰ」（環太平洋戦略的経済連携協定）の日米交渉もいまだに不透明な状況にある。

　我が国の諸規制を緩和し，市場の競争原理を導入して我が国が有する「潜在生産能力」を活用していく"国家戦略の構築"が喫緊の課題となる。

第Ⅱ部
国際マクロ経済学

第5章 マクロ経済分析のフレーム・ワーク

　本章では，一国全体を視野にいれたマクロ経済を分析していくための基本的分析枠組み（basic analysis framework）について考察する。

　第1節では，国際マクロ分析（international macro analysis）に必要な基本概念について解説し，国際マクロ経済分析の基礎となる「総需要」と「総供給」の関係，および「総需要と総供給の均衡（バランス）」について考察する。国際マクロ経済は，総需要と総供給のバランスを取りながら，資金が国内・国外を循環しており，この国際的な資金の循環運動の結果として，その国の国内経済の規模（GDP）が決まり，また変動していく。そして，このような国際的資金循環は，究極的には国内総生産（GDP）と国内総需要，および対外的輸出と輸入の均衡（バランス）関係で表すことができる。

　第2節では，マクロ経済の均衡（バランス）が崩れるケースを考察していく。このようなマクロ経済の需給均衡が崩れる場合，不況の発生やインフレーション（inflation）の発生といった経済の不安定が起こる可能性がある。このような経済の不安定現象はマクロ経済学が解決すべき課題である。J. M. ケインズは，一国全体のマクロ経済の視点から総需要の調整による景気安定化政策として「有効需要の原理」を理論化した。

　本章では，マクロ経済全体の総供給と総需要の基本概念を用いて，国際マクロ経済の均衡（バランス）関係とその変動について考察する。

第1節　マクロ経済の均衡
―マクロ経済の総需要と総供給の均衡（バランス）―

　国内総生産（GDP）あるいは国民所得の大きさは，一国の経済規模（経済力）を表す経済指標である。それでは，GDPや国民所得の大きさはどのよう

第Ⅱ部　国際マクロ経済学

にして決定されるのか。これらのマクロ経済指標の決定についての基本的分析枠組み「フレーム・ワーク」として，総供給と総需要の均衡モデルがある。

本節では，一国全体の経済動向を分析するために，まず経済全体の総供給と総需要の相互関係から検討する。

1　総供給と総需要

マクロ経済の動向は，社会全体の「総供給」(aggregate supply) と「総需要」(aggregate demand) の関係から分析できる。

まず，「総供給」概念であるが，それは社会の人々に供給される生産物（財・サービス）の大きさで捉えることができ，それはその社会の人々が生産した国内総生産（GDP）に輸入品を加えたものから構成される。また，国内総生産（GDP）は国民所得として分配されるので，所得の国民への供給という意味で国民所得も総供給概念に加えることができる。さらに，所得の中で，消費されなかった残りの貯蓄は社会に対する資金の供給でもあるので，貯蓄も総供給概念に加えることができる。

次に，「総需要」概念であるが，これは国民経済全体の最終生産物（最終財・サービス）に対する総需要からなり，それは「消費財」と「投資財」に分けることができるので，消費財に対する消費支出と投資財に対する投資支出から構成されている。具体的には，国民総支出（GNE）の中の民間消費支出，民間投資支出（民間企業設備投資，民間住宅投資，民間在庫投資），政府支出（政府の消費支出，政府固定投資，政府企業の在庫投資），消費財や投資財などの海外への輸出を集計したものから構成される。

マクロの経済活動水準，すなわち国内総生産（GDP）や国民所得の大きさは，究極的にみれば，総供給と総需要の均衡（バランス）関係として捉えられる。

一国全体の「マクロ・バランス（均衡）」式は，以下の通りである。

(5—1)　　　　　　　　総供給＝総需要
　　　　　　　　　　　　(Y^S)　　(Y^D)

2 総供給と総需要の均衡のケース

前述のように,国民経済の活動状況は「総供給」と「総需要」の関係から捉えることができる。以下では,国民所得勘定の項目に従って,国民経済の総供給と総需要の関係を定式化して,マクロ経済の姿を明らかにする[1]。

まず,ここでは経済モデルをA「開放経済モデル」(開放システム:open system) とB「閉鎖経済モデル」(閉鎖システム:closed system) に2区分し,さらにBの閉鎖経済モデルを政府の経済活動が存在するケース(民間経済部門と政府部門)と政府活動が存在しない純粋にC「民間部門のみのケース」に分けて,総需要と総供給の水準がどのように決定されていくかについて検討する。

A 開放経済モデル

まず,開放経済での総需要と総供給の関係は,次式のように定式化できる。

(5-2)　　$Y + M = C + I + G + X$

ここで,Yは国内総生産,Mは輸入,Cは消費支出,Iは投資支出,Gは政府支出,Xは輸出である。

上式 (5-2) は,開放経済における国民経済の総供給と総需要の規模とその構成を表したもので,マクロ経済の基本モデルとなるものである。上式の左辺は,国民に対する総供給の内容を示すもので,国内総生産Yに海外からの輸入Mを加えたものからなる。右辺は,総供給に対する総需要の内容で,民間消費Cおよび民間投資I,政府支出G,海外への輸出Xからなっている。ただし,民間投資Iは,企業の設備投資・住宅投資・在庫投資によって構成され,政府支出Gは,経常支出・固定資本投資・在庫投資からなっている。なお,ここで総需要のなかで,民間消費Cと民間投資Iおよび政府支出Gを合計したものを「国内需要」(内需)といい,海外への輸出分を「海外需要」(外需)という。

(5-2) 式を整理すれば,次式のようになる。

(5-2′)　$Y = C + I + G + X - M$

　ここで，左辺の供給項目である国内総生産（国民所得）Yについてであるが，一国全体の供給能力，より正確には，潜在的供給能力は，その国に存在する労働力・資本蓄積量・技術水準の高さによって決定される。このような潜在的供給力は，それに対する総需要の大きさによって決定されるというのがケインズ経済学の考え方である。

B　閉鎖経済モデル

　次に，外国との取引がない閉鎖経済モデル（国内経済システム）のケースをみてみよう。これは，国際経済からの影響を除外した国内経済のみの場合である。
　国内経済のみの場合，民間経済と政府の経済活動による国民所得水準の決定ということになる。この場合，総供給つまり生産物に対する総需要としては，民間消費Cと民間投資Iに政府支出Gが加わったものになり，総需要と総供給の関係は，次式のように示される。

(5-3)　$Y = C + I + G$

　上式（5-3）は，民間部門の家計消費Cと企業投資I，および政府部門の政府支出Gのみから成っている。

C　民間経済モデル

　次に，さらに簡略化したモデルとして政府の経済活動を除外した，民間経済のみのケースを示してみよう。資本主義経済では，基本的には民間経済を中心に動いており，全体に占める割合も大きくなる。この場合の総需要と総供給の関係は，次式のようになる。

(5-4)　$Y = C + I$

　(5-4)式は，モデルが民間経済のみから成っている場合で，それは家計（消

費者）と企業（生産者）から成り立っている。したがって，このケースでは一国全体の生産物Yに対する総需要は，家計つまり消費者の財・サービスに対する消費需要Cと，企業つまり生産者が行う投資需要Iから成っている。この場合の国民所得の大きさは，一国全体の消費需要と投資需要の大きさによって決定されることになる。

　上記のケースは，マクロ経済の基本的関係を，オープン・システム（open system）としてみるか，クローズド・システム（closed system）としてみるか，あるいは民間経済のみのプライベート・システム（private system）としてみるかの違いであるが，いずれもマクロ経済全体における総需要と総供給の規模とバランス（均衡）関係を簡潔にモデル化したもので，マクロ経済学の基本的関係を示したものである。これらマクロ経済の基本的関係は，第6章でより詳細に検討されるように，究極的には民間部門では「貯蓄と投資」の関係，政府部門では「財政収入と支出」の関係（財政黒字か赤字の問題），海外部門では，「国際収支」の関係（経常収支の黒字か赤字の問題）として分析できる。その意味で，このようなマクロ経済の需給均衡（バランス）関係は，現実のマクロ経済の動向を理解するうえで最も重要な概念でもある。

　マクロ経済体系・・・・一国全体の「総供給」と「総需要」が常に均衡（バランス）している状態が理想的。このとき，経済は安定している。

総供給と総需要のバランス

(A)　$Y+M=\underline{C+I+G+X}$ ……………………… 開放経済モデル
　　（総供給）　　（総需要）
(B)　$Y=C+I+G$ ……………………………………… 閉鎖経済モデル
(C)　$Y=C+I$ ……………………………………………… 民間経済モデル

　上式のようなマクロ経済の需給均衡モデルで，まず検討されるべきことは，一国の経済活動の規模がどのように決定されるかである。それは，上式からい

えば，一国全体の総供給と総需要の大きさが何によって決定されるかに関わる問題でもある。

第2節　総需要の決定要因と経済の不安定化

まず，一国全体の総供給の大きさは，どのような要因によって決定されるのか。これは，一国全体の「潜在的供給能力」(potential capacity) に依存している。この潜在的供給能力はその国に存在する(1)労働力人口 (labor force working population)，(2)資本蓄積量 (capital accumulation)，および(3)技術進歩 (technical progress) などの供給要因によって規定される。生産活動に必要なこれらの諸要因によって，その国の国内総生産（ＧＤＰ）や国民所得などの潜在的生産力，あるいは潜在的経済成長力が決定される[2]。

ただし現実には，このような供給能力が常に十分活用されるとは限らない。このような潜在的な生産能力が現実にどれくらい活用されるかは，これらの生産物がどれくらい需要されるかという総需要の大きさに依存している。

それでは，総需要を決定する要因にはどのようなものがあるのか。前記のように，総需要の構成として，消費需要，投資需要，政府需要，海外需要（純輸出）などがある。問題は，このような諸需要が具体的にどのように決定されるかである[3]。

1　総供給と総需要の不均衡のケース

現実の経済においては，総需要と総供給が常に一致（均衡）する保証はない。マクロ経済の需給均衡が崩れる場合，以下のように(A)失業者の増加や，(B)インフレーションの発生といった経済の不安定化が起こる可能性がある。

―― マクロ経済の均衡（バランス）が崩れるケース…マクロ経済の不安定化 ――

(A)………………総供給＞総需要

超過供給（売れ残りの発生）→生産調整（生産規模の縮小）＝雇用縮小
　　　　　　　　　　　　　→失業の発生（不況）

(B)………………総供給＜総需要

超過需要（品不足の発生）→生産調整（生産規模の拡大）＝雇用増大
　　　　　　　　　　　　→景気過熱→インフレーションの発生

　このようなマクロ経済の総供給と総需要の不一致（不均衡）による経済の不安定化現象はマクロ経済学が解決すべき課題である。J. M. ケインズは，一国全体のマクロ経済の視点から「総需要の調整」による経済安定化政策として「有効需要の原理」を理論化した。ここでは，需給不均衡の調整としてマクロ経済政策が動員される

2　総供給と総需要の不均衡調整の手段としてのマクロ経済政策

　マクロ経済の総供給と総需要の不一致（不均衡）による経済の不安定化現象は，基本的には市場経済の価格メカニズムを通して調整されるべきであるが，一国全体における総需要不足による景気停滞（不況）局面においては，一時的に政府部門が民間経済に介入するという形で景気刺激のための財政支出政策や金融緩和政策を行うというのが，J. M. ケインズの「有効需要の原理」の考え方である。ただし，これは民間経済の自律回復力が期待できない場合のことである。ケインズの有効需要の原理は，別名「総需要管理政策」とも呼ばれている。

【注】

1) 以下については，拙著『マクロ経済学』税務経理協会2010年5月20日（初版第3刷）PP. 64～70を参照。
2) ここで，潜在的経済成長力とは，一国の経済が労働力や資本ストックなどの供給能力を最大限使用した場合に達成可能なGDPや国民所得の成長力である。潜在的経済成長率を決定する要因として，前記のように(1)労働力人口，(2)資本蓄積量，(3)技術進

第Ⅱ部　国際マクロ経済学

歩の三つの成長要素がある。さらに，これら諸要素が使われた場合の効率性を反映する"全要素生産性（ＴＦＰ：total factor productivity）がある。これに対して，現実経済成長率（actual rate of growth）は一国全体の総需要の大きさによって決定される実際の成長率であり，これは国内需要（内需）である民間消費需要と民間投資需要，および政府需要に加えて海外需要（外需：輸出）から構成される。いわゆる「ＧＤＰギャップ」が大きい，つまり現実成長率が潜在成長率を大きく下回っている場合，ケインズ的総需要（有効需要）増加といった政策対応が考えられる。

3）これらの詳細については，拙著『マクロ経済学』税務経理協会2010年5月20日（初版第3刷）第4章，第5章を参照。

第6章　国際マクロ経済学の分析視点
—オープン・マクロ経済の分析枠組み—

　前章では，国際マクロ分析（international macro analysis）に必要な基本概念について解説し，マクロ経済分析の基礎となる「総需要」と「総供給」の関係，および「総需要と総供給の均衡（バランス）」について考察した。国際マクロ経済は，総需要と総供給のバランスを取りながら，資金が国内・国外を循環しており，この国際的な資金の循環運動の結果として，その国の国内経済の規模（GDP）が決まり，また変動していく。そして，このような国際的資金循環は，究極的には国内総生産（GDP）と国内総需要，および対外的輸出と輸入の均衡（バランス）関係で表すことができる。

　本章では，海外部門を取り入れた開放経済体系下における「国際マクロ経済」（オープン・マクロ経済）の理論的枠組みの下で，第1節で海外との経済取引の収支決算である「経常収支」と「マクロ不均衡」問題について分析する。さらに，第2節と第3節においてマクロ・バランス式を用いて，日本とアメリカの経済不均衡問題について考察する。

第1節　マクロ不均衡と経常収支

　前章で検討してきたように，マクロ経済活動水準，すなわち国内総生産（GDP）や国民所得の大きさは，究極的にみれば，総供給と総需要の均衡（バランス）関係として捉えられる。

$$総供給 = 総需要$$
$$(Y^S) \quad (Y^D)$$

ここで，一国全体のオープンマクロ経済（開放経済）の視点から見ると，総需要と総供給の関係は，次式のように定式化できる。

(6-1)　$Y+M=C+I+G+X$

ここで，Yは国内総生産，Mは輸入，Cは消費支出，Iは投資支出，Gは政府支出，Xは輸出である。

上式 (6-1) は，開放経済における国民経済の総供給（Y^S）と総需要（Y^D）の規模とその構成を表したもので，マクロ経済の基本モデルとなるものである。上式の左辺は，国民に対する財・サービス等の総供給（Y^S）の内容を示すもので，国内総生産物Yに海外からの輸入品Mを加えたものから成っている。右辺は，総供給に対する総需要（Y^D）の項目で，民間消費Cおよび民間投資I，政府支出G，海外への輸出Xから成っている。

なお，ここで総需要項目のなかで，民間消費Cと民間投資Iおよび政府支出Gを合計したものを「国内需要」（内需）といい，海外への輸出分を「海外需要」（外需）という。

(6-1) 式を整理すれば，次式のようになる。

(6-2)　$Y=C+I+G+X-M$

上式は，国内総生産Yが国内需要（$C+I+G$）と海外需要（海外純輸出：X＞M）から構成されていることを表している。

1　マクロ不均衡と経常収支

さらに，上式 (6-2) を変形して整理すれば，次式が導出できる。

(6-3)　$X-M=Y-(C+I+G)$

上式 (6-3) の左辺は，輸出Xから輸入Mを引いたものがプラス（X＞M）の場合は，「輸出超過」（純輸出）つまり経常収支（貿易収支）の黒字を，逆に輸出Xから輸入Mを引いたものがマイナス（X＜M）の場合は「輸入超過」（純輸入）

第6章　国際マクロ経済学の分析視点

つまり経常収支（貿易収支）の赤字を示している。

　上式（6-3）の右辺は，国内で生産される総生産額（GDP）Yから国内の総需要（内需）すなわち民間消費需要C，民間投資需要I，政府重要Gを差し引いたものである。

　この（6-3）式は，経常収支の黒字（X＞M：輸出超過）は国内で生産された総生産物Yが国内需要（C＋I＋G）によって十分に吸収（absorption）されずに残りが海外へ輸出されることを表している。逆に，経常収支の赤字（X＜M：輸入超過）は，国内で生産された総生産物Yを上回る国内需要（C＋I＋G）が存在する場合を示している。前者の輸出超過（経常収支の黒字）は，国内総需要が国内総生産Yを下回れば，国内で売れなかった生産物は海外で販売（輸出）されることを意味している。この場合，輸出競争力が問題になる。また，後者の「輸入超過」（経常収支の赤字）の場合は，国内需要が国内生産を上回り，国内生産の不足分を海外からの輸入によって賄っているケースを表している。

2　世界経済の不均衡問題 —日米の経済不均衡問題—

　上記のケースを20世紀後半の世界経済の動向に照らしてみると，世界最大の輸入大国で「世界一の債務国」アメリカと輸出で国内経済を牽引している輸出大国で「世界一の債権国」日本を比較検討してみればより分かりやすい。

(1)　世界一の債務国：アメリカ

　アメリカは，1980年代から一時期を除き慢性的な経常収支赤字を記録し，世界からの膨大な財貨の輸入を行い世界経済を牽引してきた。また，90年代からはIT革命を成し遂げて，「情報通信技術」産業の発展による不況知らずの「ニュー・エコノミー」（new economy）を実現して好景気を持続させてきた。このように，好景気が続き国内消費や投資が好調で国内生産が国内需要に追い付かず，また80年代以降の政府支出の拡大による慢性的な財政赤字の拡大は，その分海外からの輸入を増加させて経常収支の赤字を一層拡大させてきた。結果的に，現在のアメリカは世界最大の"債務国"となっている。

第Ⅱ部　国際マクロ経済学

　このようにアメリカは現在，経常赤字と財政赤字の「双子の赤字」（double deficit）問題を抱え込んでいるのが現状である。

　1980年代からの慢性的な経常収支赤字と財政収支の赤字を維持できたものは，政府の巨額の財政赤字が国内金融市場での"高金利"を生み出して，高金利が外国からの資金の流入を促進させてドル買いによる"ドル暴落"を防ぎながら国内の好景気を持続させるという綱渡り的な経済運営を行ってきたことにある。このような状況が持続可能であるのかが最大の懸念材料になっている。米国経済は，21世紀初頭における世界最大の経済問題である「世界経済の不均衡問題」の当事者であるわけである。

(2)　世界一の債権国：日本

　これに対して，我が国日本は，巨額の経常収支の黒字を記録し続けてきたものの，稼いだ外貨を国内投資に活用できずに莫大なドル建て対外資産，および政府の巨額の外貨準備高を抱え込み世界一の"債権大国"になった。ちなみに我が国は，2011年末の対外純資産残高は253兆100億円で，過去21年間連続して世界第1位を維持してきた「対外純資産大国」である（財務省報告書）。

　我が国は，資産大国の割には国内景気が低迷しており，好景気を持続しているアメリカ経済と好対照を示している。我が国は，1980年代後半までは国内の好景気による国内需要の増加で輸入が拡大して経常収支の黒字拡大は回避されてきた。だが，1991年のバブル崩壊後の国内景気低迷によって輸入が減少し，逆に輸出は増大していった。すなわち，国内の景気停滞は，製造業をして海外への輸出活路を求め，輸出競争力の強化に専念して輸出拡大による経常収支の黒字化が慢性化していったわけである。

　いずれにしても，このような二国間の経常収支の不均衡問題は，国内，国外の景気変動と密接に関連しており，一国の経済状況を分析する上で，問題解決上の重要な"鍵"を提供してくれる。

　以下，第2節および第3節において，一国のマクロ・バランス式を用いて日本とアメリカの「経済不均衡」問題の比較・検討分析を行う。

第6章　国際マクロ経済学の分析視点

第2節　経常収支と貯蓄・投資バランス
―マクロ・バランス式と資金の流れ―

　本節では，政府部門や海外部門を考慮に入れた場合，マクロ経済の視点から，貯蓄と投資の不均衡がどのような経済状態をもたらすのかを検討する。

　第5章で検討したように，マクロ経済は，総供給と総需要との関係から成り立っている。総供給は，国民が生産した国内総生産物（GDP）と海外からの輸入品から成り立っている。また，これら総供給に対する総需要は，以下でみるように民間部門の消費支出や投資支出，政府支出，そして外国への純輸出（海外需要）から構成される。国民経済計算[1]では最終的（事後的）には，総供給と総需要は一致（均衡）する。これは，究極的には民間部門に政府部門や海外部門を含めて，「貯蓄」と「投資」の均衡（バランス）関係で説明できる。

1　貯蓄・投資のバランス

　本節では，海外部門を導入した場合，マクロ経済の観点から貯蓄と投資の不均衡がどのような経済状態をもたらすかを検討する。

＜貯蓄と投資のバランス＞

　一国で生産された国内総生産（GDP）は，国内需要あるいは海外需要を満たすために使われる。ここで，Cを民間消費支出，Iを民間投資支出，Gを政府支出，Xを輸出，Mを輸入とすれば，国内総生産（GDP）Yを国内総支出（GDE）の側面から表すことができる。すなわち，

(6-4)　国内総支出Y＝消費支出C＋投資支出I＋政府支出G＋輸出X－輸入M

　他方，国民所得の処分は，政府へ租税を支払った残りである可処分所得を消費支出し，残りを将来に備えて貯蓄として蓄積する。ここで，Yを国民所得とみなせば，国民所得Yは次式のように分轄（処分）される。

> (6-5)　国民所得Y＝消費支出C＋貯蓄S＋租税T

(6-4) 式と (6-5) 式はモノの流れを表した等式である。これから，資金の流れを表す関係式を導き出すことができる。

> (6-6)　消費支出C＋貯蓄S＋租税T＝消費支出C＋投資支出I
>   　　　　　　　　　　　　＋政府支出G＋輸出X－輸入M

上式 (6-6) の関係から，貯蓄された資金がマクロ的にどのように流れていくか（処分されるか）を調べることができる。

すなわち，(6-6) 式を書き換えると，次のような関係式が得られる。

> (6-7)　貯蓄S＝投資I＋政府支出G－租税T＋輸出X－輸入M

さらに，上式を整理すると，次式が得られる。

> (6-8)　貯蓄S＝投資I＋財政収支（G－T）＋経常収支（X－M）

上式 (6-8) は，貯蓄された資金のマクロ的な流れを表している。または，貯蓄資金の使途を示している。この場合，(6-8) 式の左辺の貯蓄Sは資金の供給を表しており，右辺の各項目（I＋G－T＋X－M）は資金の需要を表している。

2　経常収支と金融資産の動向 ―経常収支と債権・債務関係―

貯蓄された資金は，具体的には現金や普通預金，定期預金，国債や社債などの債券および株式といった金融資産という形で保有される。(6-8) 式は，このような金融資産の保有によって，資金が企業の投資資金（銀行借入や社債・株式の発行），政府資金（国債の発行），あるいは経常収支の黒字（海外に対する債権の増加）として流れていることを示している。ここで，企業の調達資金のなかで銀行借入れや社債の発行は企業債務の増大を，株式の発行は企業資本の増加（増資）を意味している。また，政府の国債発行による財政資金の調達は，財

政赤字を意味している。この場合の政府部門の赤字は国民の政府に対する債権の増加を意味している。なお、国債発行が中央銀行引き受けであればマネー・サプライ（貨幣供給量）の増加を意味する。さらに、経常収支の黒字（輸出超過）は、外国（相手国）の経常収支の赤字であり、外国からの資金需要（外国の証券発行）を意味している。換言すれば、これは自国民（黒字国）の外国債券や外国資産の保有増（対外資産の増加）を意味しており、経常収支の黒字分だけ「資本輸出」として海外へ資金が流出していることを意味する。

このように、貯蓄自体は、その国の国民が保有する金融資産の増加を意味するが、その具体的内容は、国債・社債や株式、あるいは外国証券の保有増となっている。そして、このような金融資産の保有（購入）という形によって、国民が行う貯蓄は民間企業の投資活動や政府活動（財政赤字）、海外からの資金需要＝海外への貸付（我が国の資本収支の赤字：外国の債務増加[2]）を支えるための資金供給源となっている。

第3節　マクロ経済の部門別収支バランス式

本節では、国民経済を、民間部門、政府部門、外国部門に区分した場合、これら三つの部門の間には必ず「収支のバランス関係」が成り立つことを解説して、日本とアメリカの「マクロ経済の不均衡問題」（収支アンバランス問題）について考察する。また、このような日米経済の不均衡問題をマクロ経済的観点から見た場合、一国全体の経済循環の規模、およびその変動の要因は、民間部門の貯蓄と投資の関係、政府部門の財政収入と支出の関係、海外部門の国際収入と支出との関係で捉えることができることを考察する。

さて、前節で導出した(6-8)式を、さらに整理すれば、次式のような関係式が得られる。

(6-9)　貯蓄超過（S－I）＝財政赤字（G－T）＋経常収支黒字（X－M）

上式は、マクロ経済を構成する各部門間に成立する収支バランス式である。

すなわち，民間部門での貯蓄Sと投資Iの差である貯蓄超過分（S＞I）は，政府部門の財政赤字（G＞T），あるいは外国部門の経常収支の黒字（X＞M）として吸収されることを示している[3]。この場合，政府部門の財政赤字分は国債の発行（政府債務の増加）によって補填（調達）され，外国部門の経常収支の黒字は外国に対する債権の増加となる。いずれにしろ，(6-9) 式は，民間部門の貯蓄超過が政府部門の財政赤字と海外部門の経常収支黒字と密接に関係していることを示している。

これから理解されるように，貯蓄された資金は，民間企業の投資資金や政府の財政赤字の補填，経常収支の黒字（貿易相手国の経常収支赤字：外国の債務）を支えるための資金供給源として使われる。

＜日米の経済不均衡問題＞

ところで，(6-9) 式を用いて現在の日本経済の状況を説明できる。すなわち，現在の日本は1990年代から巨額の貯蓄額（民間部門の貯蓄過剰）と財政赤字（政府部門の資金不足），および貿易収支の黒字を抱え込んでいる。特に，我が国は民間部門の貯蓄が過剰で，財政赤字を減らすと経常収支が増加するという経済体質になっている。これは，国内需要（内需）が極端に少ないことの裏返しでもある[4]。したがって，経常収支黒字の解決策としては「内需拡大」以外にはないであろう。

ここで，(6-9) 式を入れ替えると次式が得られる。

(6-10) 財政赤字（G－T）＝貯蓄超過（S－I）＋経常収支赤字（M－X）

上式 (6-10) は，財政赤字（G－T）が民間部門の貯蓄超過分と経常収支の赤字の和となることを示している。この関係式は，貯蓄超過分（S－I）を不変とした場合，財政赤字（G－T）の縮小は経常収支の赤字（M－X）の縮小を意味し，逆に財政赤字の拡大は経常収支の赤字が増大することを意味している。また，この式からいえることは，民間部門の貯蓄さえ増加すれば，仮に財政赤字が拡大しても，この部分は民間の貯蓄によって賄われるので，経常収支の赤

第6章　国際マクロ経済学の分析視点

字は増大しないということである。

　例えば，アメリカ経済についていえば，民間部門の貯蓄額が過少であるために政府部門の財政赤字拡大が経常収支の赤字拡大に直結していることが，この式によって説明できよう。このように，アメリカのケースでは民間の貯蓄率が比較的低いために，財政赤字の拡大はその分経常収支の赤字化を誘引することになる。現在のアメリカは，さらに財政状態が悪化しており，かつて深刻な問題を抱え込んでいたのは財政収支と経常収支の「双子の赤字」問題が再現しつつある。上式で示される貯蓄・投資のバランス関係からみて，アメリカ経済の経常収支の赤字問題はアメリカ自身の国内問題と解釈できよう。アメリカが世界一の債務国であることは，この関係式によって説明がつくであろう。

　以上検討してきたように，国民経済を，民間部門，政府部門，外国部門に区分した場合，これら三つの部門の間には必ず上でみてきたような関係（収支バランス関係）が成り立つ。また，このような関係をマクロ経済的観点から見た場合，一国全体の経済循環の規模，およびその変動の要因は，民間部門の貯蓄と投資の関係，政府部門の財政収入と支出の関係，海外部門の国際収入と支出との関係で捉えることができる。

【注】

1）国民経済計算（ＳＮＡ：System of National Accounts）では，民間セクターの貯蓄超過分（S＞I）は，政府セクターの支出超過分（G＞T：財政赤字）と海外セクターの経常収支黒字（X＞M：貿易黒字）の和に等しくなる。
2）例えば，ある二国間での国際貿易を考えた場合，ある国の経常収支の黒字は相手国の経常収支の赤字を意味している。この場合，相手国は経常収支の赤字を埋め合わせるために資金を需要する（資本収支の黒字）。つまり，相手国にとって輸入額が輸出額を上回っているために資金を借り入れる必要があるわけである。
3）ここで，政府部門というのは，中央政府と地方政府に社会保障の収支を加えた「一般政府部門」を意味している。政府部門の財政赤字は，租税収入（T）を上回る政府支出（G）の部分である。
4）1991年以後のバブル経済崩壊による日本経済の長期景気停滞は，不良債権による金融危機をも伴って民間部門の消費低迷とそれに連動した企業の投資低迷に起因したものである。家計は将来の不確実性（リストラと雇用不安・所得不安）を見越して消費

第Ⅱ部　国際マクロ経済学

支出を手控え貯蓄を増加させ，企業は消費不況のなかで減量経営，投資削減に踏み切っている。その結果，貯蓄・投資バランスが崩れ，政府による貯蓄吸収（景気刺激のための大量国債発行）や大幅な経常収支黒字（貯蓄資金の海外流出）が発生している。

第7章　国際収支

　国際マクロ経済学では，海外との経済取引を前提とした一国全体の経済問題が研究対象となるので，国際収支表と国際収支の諸概念等々の国際マクロ経済の統計指標の動きが分析対象になる。

　「国際収支表」(International Balance of Payments) は，国民経済計算体系（ＳＮＡ：System of National Accounts）の統計の一つで，一国の1年間の対外経済取引の受取りと支払いを複式簿記の方式でまとめたものである。具体的には，国際収支とは，外国との間で行われた全ての経済取引で生じる資金の流れ（収支決算）を統計的に記録したものである。この仕組みは，複式簿記の原理を用いて，ある国が一定期間（通常1年）に行った全ての経済取引を統計的に記録したもので，この国際収支の統計表（収支決算表）である国際収支表には，国際比較を容易にするために国際通貨基金（ＩＭＦ）[1]が定めた，通称「ＩＭＦ方式」がある（図表7－1参照）。

　このＩＭＦ方式に従えば，国際収支表は「経常収支」と「資本収支」，および「外貨準備増減」の三つに大別される※。

　本章では，以下，国際収支の構成要素を世界共通基準である「国際通貨基金」（ＩＭＦ）方式に沿って概観する。

　※　なお，2008年に国際通貨基金（ＩＭＦ）が新たに公表した「国際収支マニュアル：ＢＰＭ」（第6版）に準拠して，我が国の国際収支統計の表記法が，2014年1月から「経常収支」，「金融収支」，「資本移転等収支」という表記法に大幅に改定された。
　　具体的には，「経常収支」の中の「所得収支」を「第一次所得収支」，「経常移転収支」を「第二次所得収支」に分類し直し，さらに「資本収支」と「外貨準備増減」項目を廃止して，「金融収支」項目を新たに設けている（詳細は，財務省ホームページを参照）。
　　本書では，改定前のＩＭＦ表記法に従っている。

第Ⅱ部　国際マクロ経済学

図表7－1　国際収支表

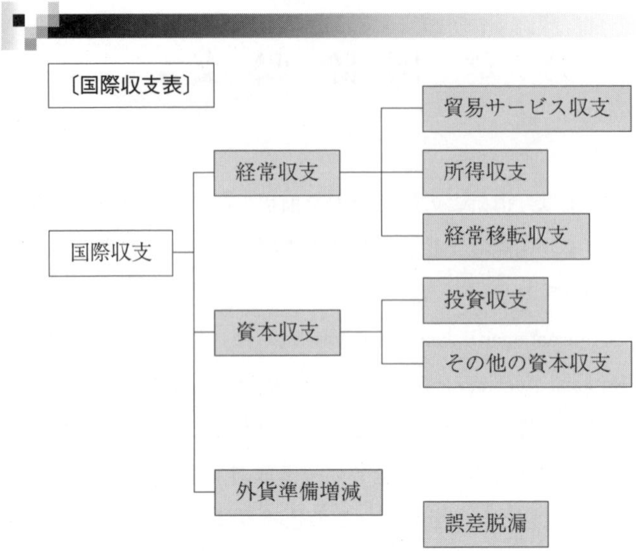

```
〔国際収支表〕
                        ┌─ 貿易サービス収支
              ┌─ 経常収支 ─┼─ 所得収支
              │            └─ 経常移転収支
   国際収支 ───┤
              │            ┌─ 投資収支
              ├─ 資本収支 ─┤
              │            └─ その他の資本収支
              │
              └─ 外貨準備増減

                            誤差脱漏
```

第1節　国際収支の構成要素

　本節では，国際収支の諸概念と構成要素について考察する。現代の経済社会は経済の国境がなくなり，財貨やお金が自由に行きかうグローバル経済化が急速に進行している。したがって，一国の経済を語る場合には外国との経済取引を抜きにして語ることはできない。

　このような，外国との様々な経済取引で生じた資金の収支決算を表したものが「国際収支表」である。　この仕組みは複式簿記の原理を用いて，ある国が1年間に行った全ての経済取引を統計的に記録したものである。

　本節では，国際収支の諸概念と構成要素を世界共通基準である「国際通貨基金」（ＩＭＦ）方式に沿って考察する。

第 7 章　国 際 収 支

1　国際収支の諸概念

　国際収支は，「経常収支」と「資本収支」の二つに大きく区分される。経常収支には，(1)海外との取引の関係，すなわち財の輸出入関係を表す'貿易収支'や，運賃，保険料等のサービスの取引関係を表す'サービス収支'から成る"貿易・サービス収支"，(2)利子，配当等の要素所得の国際取引の収支状況を表す"所得収支"，(3)贈与，送金，賠償，援助等の支払い（対価）を伴わない財・サービスや現金の受取りを表す"経常移転収支"などがある。また，資本収支は，資産の海外との取引に関する収支を記載したもので，株式や債券などの金融資産の取引や海外での工場建設などに関する取引を示したものである。

2　経　常　収　支

　まず，経常収支は，外国との財・サービスなどの経済取引による資金の流れ（収支）を記録したものであるが，これは，(1)貿易・サービス収支と(2)所得収支，(3)経常移転収支の 3 項目から構成される。

(1)　貿易・サービス収支
A　貿 易 収 支
　貿易収支は，財の取引（輸出，輸入）に伴う資金の流れを記録したもので，経常収支の中心を構成している。財を輸出すれば，輸出先から代金が得られ資金の流入が記録される。反対に，財の輸入は，輸入先への代金の支払いがなされ資金の流出が記録される。

　この場合，輸出金額が輸入金額を上回っていれば，その差額が純輸出であり，これが貿易収支の黒字（貿易黒字）となる。逆に，輸入金額が輸出金額を上回っていれば，その差額が純輸入であり，これが貿易収支の赤字（貿易赤字）となる。我が国では，輸出の主力産業である製造業を中心に輸出（外需）主導の経済成長を続けてきたために，貿易収支は大幅な黒字を計上してきた。この貿易黒字が我が国の経常収支黒字の主要因である。

B　サービス収支

　サービス収支は，運輸，金融・保険，通信，観光などのサービス取引（輸出入）に伴う資金の流れを記録したものである。具体的には，輸送サービスの運賃や銀行支払い手数料，保険契約時の保険料，通信関連の利用料金，旅行代金等々の様々なサービスの取引（輸出入）を記録したものである。

　このように，サービス収支は，国際間の上記のような様々なサービスの提供や受取りに伴う資金の流れ（授受）を記録したものである。サービスを提供（サービスの輸出）すれば，相手国からサービス代金が得られ資金の流入が記録され，反対にサービスの購入（サービスの輸入）は，相手国への代金の支払いがなされ資金の流出が記録される。我が国では，近年海外への旅行者が国内への外国人旅行者数を大幅に上回っており，サービス収支は大幅な赤字が続いている（図表7－3を参照）。

(2)　所　得　収　支

　所得収支は，国際間で動く労働や資本等の生産要素が外国で得る生産要素所得の流れ（所得の受取りと支払い）を記録したものである。具体的には，雇用者報酬（賃金）や投資収益（預貯金や債券の利子，株式配当金）等の要素所得の受け払いから構成される。

　近年の我が国の所得収支の黒字幅は年々増加傾向にある。これは，我が国の企業や政府の持つ対外純資産の累積額が巨額[2]になったことを反映したもので，海外からの利子収入や配当金等の資産所得の増大により，所得収支の黒字幅が拡大したことによる。

(3)　経常移転収支

　経常移転収支は，財・サービス等の経済取引の対価を伴わない一方的な財貨や資金の流れ（移転）を記録したものである。具体的には，無償海外援助や寄付金，および国際機関への拠出金，海外への送金などから構成されている。

3 資本収支

資本収支は、海外での資産の売買（取引）に関する金融取引（収支）を記載したもので、対外資産や対外負債の増減の記録である。資本収支は、(1)投資収支と(2)その他資本収支から構成されている。

(1) 投資収支

投資収支は、国際間の投資による資金の流れを記載したもので、①企業や投資家が海外の企業の経営権を獲得したり（M＆A）、あるいは企業の海外進出によって行われる設備投資（工場建設など）等々の「直接投資」、②投資家が海外の株式や債券に投資する「証券投資」、③海外への貸し付けを記載する「その他投資」などからなっている。

(2) その他資本収支

その他資本収支とは、発展途上国の社会資本建設やその他資本設備への資金援助であり、無償の資本形成（資本移転）のための資金の流れを記載したものである。

以上、国際収支を構成している諸項目を見てきたが、その他に、図表7－1にあるように、通貨当局（日銀）が保有する外貨資産の増減（外貨準備増減）や国際収支統計上の誤差脱漏の調整項目がある。

4 外貨準備増減

外貨準備増減は、通貨当局（政府や中央銀行）が保有する外貨や金などの合計で、その増減を示したもの。通常、通貨当局の為替介入によって増減する。通貨当局は、"もしもの事態"に備えて"あらかじめ"一定額の外貨を準備しておく必要がある。外貨準備のほとんどが金や外国通貨建ての資産（外貨預金や米国債、ユーロ建て証券）として保有されている[3]。

5 誤差脱漏

国際収支統計上の誤差や脱漏等の調整項目である。

図表7－2　国際収支と国際収支の諸概念

【国際収支表】
【1】経常収支・・・財・サービス等の国際取引を記録
　(1) 貿易・サービス収支・・・財の輸出入や運賃・保険料・旅行などのサービスの輸出入の収支
　(2) 所得収支・・・賃金や利子収入，配当金などの所得の収支
　(3) 経常移転収支・・・海外援助や寄付・送金などの対価を伴わない収支
【2】資本収支・・・金融取引などを記録
　(1) 投資収支・・・金融資産や実物資産などの国際取引を記録
　　①直接投資・・・海外での企業の買収（M＆A）や工場建設などの投資
　　②証券投資・・・債券や株式などの金融資産への投資
　　③その他投資・・・海外への資金貸付など
　(2) その他資本収支・・・開発協力の無償供与などの資本形成の貢献の供与
【3】外貨準備増減・・・通貨当局の保有する外貨や金などの増減を記録
【4】誤差脱漏・・・集計上の誤差や脱漏などの調製項目

図表7－3　日本の国際収支表（2010年）

－単位：億円－

経常収支		178,879	資本収支		－176,971
	貿易・サービス収支	65,646		投資収支	－172,630
	貿易収支	79,789		その他資本収支	－4,341
	（輸出）	639,218			
	（輸入）	559,429			
	サービス収支	－14,143			
	所得収支	124,149		外貨準備増減	－37,935
	経常移転収支	－10,917		誤差脱漏	－36,017

（資料）日本銀行　国際収支統計データから作成。

第7章　国際収支

　以上，本節では経常収支項目と資本収支項目について概観してきたが，通常，一国の国際収支の状況は，経常収支の黒字か赤字かで判断される。さらに，経常収支の中心は貿易・サービス収支であるから，貿易・サービスの輸出と輸入の差が重要となる。

　貿易・サービスの輸出が輸入を上回れば「経常黒字」，反対に輸入が輸出を上回れば「経常赤字」となる。この場合，資金の流れは財貨・サービスの流れと反対になる。経常収支が黒字の場合，輸出入の差である純輸出の受け取り代金は，輸出・輸入両国の銀行口座を通じて振り込まれるが，口座振り込みの一部は輸出企業により外国での投資資金として活用される。また，一部は政府の外貨準備金の増加となり外国で運用される。この場合，外国で投資などで運用される部分は資金の海外への流出として「資本収支の赤字」（出超）となる。これは，貿易で稼いだ資金を外国で活用（資産運用）する「資本輸出国」として，資本収支の赤字として記録される。

　これとは反対に，経常収支の赤字の場合には，輸出入の差である純輸入の支払い代金は，外国から借り入れるか，外貨準備金の取り崩しにより賄われる。この場合，外国からの借り入れ部分は資金の流入として「資本収支の黒字」（入超）となる。これは，貿易で足りない資金を外国から借りている「資本輸入国」として，資本収支の黒字として記録される。

　このように，経常収支の増減の裏面には資本収支と外貨準備の逆の動き（増減）があることが理解される。したがって，経常収支と資本収支，および外貨準備増減の間には，次式のような関係式が成立する。

経常収支＋資本収支＋外貨準備＋誤差＝ゼロ

補　論　経常収支と資本収支の関係
―経常収支と資本収支のバランス―

　前節では，経常収支項目と資本収支項目について概観してきたが，通常，経常収支の中心は貿易収支であるので，これを貿易の輸出と輸入の差で表示する場合が多い。(1)輸出が輸入を上回れば「経常収支の黒字国」，逆に(2)輸入が輸出を上回れば「経常収支の赤字国」である。また，前者の経常収支黒字国は，貿易で儲けたお金を他国へ貸している資本輸出国（債権国）でもあり，後者の経常収支赤字国はお金を借りている資本輸入国（債務国）でもある。

　すなわち，資本収支の項目で解説したように，(1)経常収支が黒字の場合，輸出企業などが外国から受け取った外貨（ドル）は，外貨建てで海外の株や債券を購入したり，工場を建てたりして海外資産の購入に使われる。このような海外資産の購入は，資金の流れから見ると，当該国から海外への資金（資本）の流出を意味する。これは，国際収支勘定において海外への資本の流出，すなわち「資本収支の赤字」として計上される。通常，当該国の経常収支が黒字の場合，海外から受け取った外貨は，上記のような海外資産の購入（対外投資）に使われ，また対外投資に使われなかった外貨は，（従業員の賃金支払いなどのために）国内金融機関で円に交換され，これは当該国の「外貨準備の増加」となる。

　これに対して，(2)経常収支が赤字の場合，輸入企業などが外国へ支払う外貨（ドル）は，海外からの借入れによって調達される。この借入ドルの国内への流入経路は，海外投資家に対する国内資産の売却という形で説明でき，また，国際収支勘定において海外からの資本輸入（債務の増大や国内不動産売却）として記録される。具体的には，海外の投資家が当該国の邦貨（円）建て預金や株式や債券を購入したり（金融資産の購入），企業が直接投資をした場合（不動産購入等々），海外から当該国へ資本が流入し，国際収支勘定に「資本収支の黒字」として計上される。通常，当該国の経常収支が赤字の場合は，赤字代金は上記のような当該国の国内金融資産（株式や債券）や不動産等の売却によって賄われる。これは海外への債務の増加を意味している。また，海外からの借り入れ

第7章　国際収支

は，当該国保有の外貨準備の減少を伴う。

このような経常収支と資本収支（外貨準備を含む）の関係を定式化すれば，以下のようになる。

(1)　経常収支の黒字国　⇒　経常収支黒字＝資本収支赤字
(2)　経常収支の赤字国　⇒　経常収支赤字＝資本収支黒字

＜経常収支と為替レートの関係＞

経常収支の黒字額が増えると，外貨（通常，米ドル）の支払いよりも受取りが多くなる。この受け取った外貨（ドル通貨）は，通常，円に換えられる。このとき，ドル売り・円買いが行われ，外国為替市場では"ドル安・円高"傾向になる。逆に，経常収支の黒字額が減ると，ドル売り・円買いが少なくなり，外国為替市場では「ドル高・円安」傾向になる。

一方，経常収支の赤字額が増えると，外貨（通常，米ドル）の受取りよりも支払いが多くなる。この外貨（ドル）の支払いのために，円を売ってドルを買う。このとき，ドル買い・円売りが行われ，外国為替市場では「ドル高・円安」傾向になる。逆に，経常収支の赤字額が減ると，これまでよりもドル買い・円売りが少なくなるので，外国為替市場では「ドル安・円高」傾向になる。

第2節　経常収支の不均衡問題

＜世界経済の不均衡問題＞

さて，現実の世界経済を見れば，経常収支の黒字国は輸出超過国で産業の国際競争力が優位の国と考えられる。だが，国内でのマクロ経済の需要構成を考えれば，輸出が多く輸入が少ないということは，自国の国内需要（内需），特に国内消費が少ないケースでもある。このような輸出超過の代表国は，我が国日本である。

これに対して，経常収支の赤字国は輸入超過国で，産業の国際競争力が弱い

国，つまり発展途上国に見られる事例である。戦後の一時期の我が国がそうであった。だが，国内経済の需要構成から見れば，輸入が輸出を上回っているということは，国内需要（内需），特に国内消費が多いケースでもある。現在のアメリカはこれに当てはまり，経済規模（GDP）も世界第一を誇っている。

かつて，我が国はアメリカとの間でし烈な貿易摩擦を引き起こし，国際貿易の不均衡に悩まされてきた。

我が国は，戦後の輸出主導による経済成長や日本企業の国際競争力の強さによって海外に巨額の対外資産を保有する世界有数の債権国となった。また，日本人の貯蓄性向の高さに支えられて世界有数の貯蓄大国，したがって世界最大の債権大国でもある。

このように，我が国は世界有数の貯蓄国であり，お金を使わず貯蓄に励む国民性がある（ちなみに，日銀発表の2012年末の家計の金融資産残高の総額は1,547兆円である）。結果的に，消費などの国内需要が少なく，この国内の需要不足部分を輸出（外需：外国需要）によって支えているわけである。これに対して，アメリカは国民の消費意欲が高く，貯蓄をあまりしない国民性でもある，消費や投資資金を国内で賄いきれず，国内の資金不足分を海外から調達しているのが実情である。アメリカは世界有数の消費大国であり，輸入大国でもある。また世界最大の債務国でもある。これを，世界経済の「経済不均衡」（マクロ需・給バランス）からみれば，アメリカの財貨と資金不足を日本が支えるという日米経済の密接な表裏関係が見て取れる。逆に言えば，アメリカの消費意欲の高さと旺盛な資金需要が日本を始めとして世界経済を引っ張っているわけでもある。

日米両国民の経済的豊かさの観点から見て，どちらが国民にとって望ましいか考えてみる必要があろう。

以上の事実を，世界経済全体（国際マクロ経済）の視点でみると，経常収支の黒字国があるということは，その反対に必ず赤字国が存在するということでもある。世界経済のバランスと安定的な発展のためには，黒字国は内需を伸ばして輸入を増やす必要があり，米国を例外として，赤字国は産業を興して輸出を増やす努力が求められよう。

補　論　Jカーブ効果
―為替レートによる経常収支不均衡調整の短期効果―

　前節で考察してきた"世界経済の不均衡"（経常収支の不均衡）問題は，基本的には，各国の経常収支の不均衡が為替レートの変化によって調整されることが望ましい。

　ところで，外国為替市場における為替調整メカニズムに従えば，経常収支の不均衡（例えば，経常黒字や赤字）は為替レートの変動によって自動的に調整されてきた。だが，現実経済を観察すると，経常収支黒字の下で為替レートが上昇（円高・ドル安）しても経常黒字が減少するどころか，逆に黒字幅が拡大していく現象がみられる。例えば，1985年の「プラザ合意」の際のドル高是正による我が国の円高への移行は，我が国の経常黒字を減少させるどころか黒字拡大の傾向が続いていた。

　このように，理論的には経常収支の不均衡（この場合，経常黒字）は為替レートの変動（為替高：円高）によって調整（黒字の減少）されると考えられるが，現実には理論とは逆の傾向が観察される場合がある。これは，経常収支の不均衡の為替調整メカニズムが一定の時間間隔（タイムラグ）を待たずに瞬時に作用すると前提していることにある。実際には，外国との輸出や輸入の貿易の取り決め契約は為替レートの変動を想定せずに行われるので，契約がなされている一定期間が過ぎるまでは，為替レートによる経常収支の不均衡調整が機能しないことがあるわけである。

　この現象を図で描いた場合，アルファベットのJの字に近似しているために，通称「Jカーブ効果」と呼ばれている（図表7－4(1)(2)を参照）。

　例えば，円高になった場合，理論上は当該国の輸出製品の対外価格（ドル建て価格）が上昇するから（国際的な価格競争力の低下），輸出製品の海外での売れ行きが減少して輸出が伸び悩み，経常収支が低下していく。しかし，現実には，直ちに円高効果（輸出品の価格上昇による輸出数量の減少）は表れずに，輸出数量は変わらず，ドル建て輸出価格の上昇により経常収支の黒字幅が拡大していく

第Ⅱ部　国際マクロ経済学

現象がみられるわけである（図表7－4(1)参照）。為替レート変動の後一定期間を過ぎてから（一定のタイムラグの経過後），為替変動の効果が徐々に表れていくことが観察されている。これは，円高が進行することにより当該国の輸出業者は輸出製品のドル建て価格を引き上げなければ輸出採算が取れないためにドル表示価格を引き上げるが，一方では貿易相手国の輸入業者（あるいは，日本製品の購入者）は，ドル建て価格の上昇後も輸入契約等々の存在により，直ちに輸入数量を減らすことができない（あるいは，日本製品の価格引き上げができない）ために，一時的に（短期のタイムラグ）経常収支（貿易収支）の黒字は拡大していくことになるわけである。

　なお，円安の場合，逆のメカニズムが作用する（図表7－4(2)を参照）。

図表7－4　Jカーブ効果

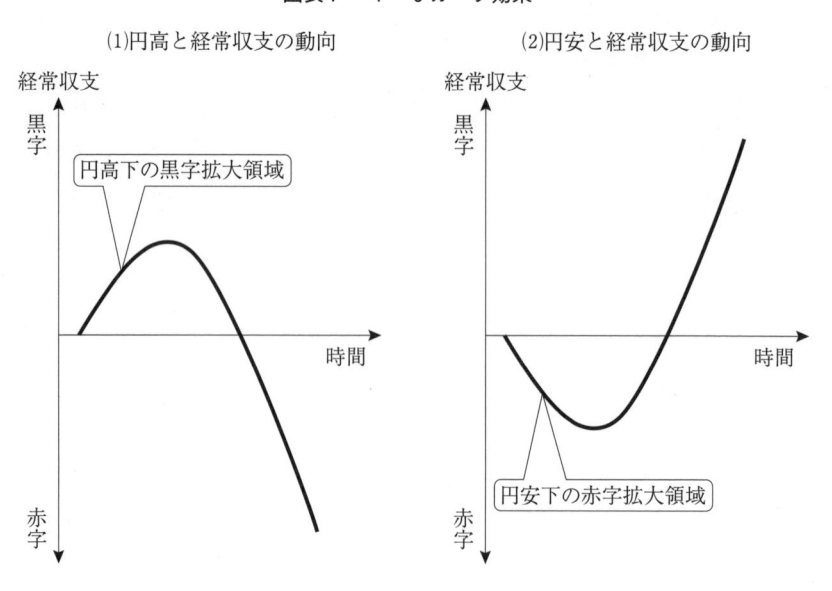

(1)円高と経常収支の動向　　　　(2)円安と経常収支の動向

【注】

1) 国際通貨基金（ＩＭＦ）の役割は，為替レートの安定化を目的とし，経常収支の赤字が著しく悪化して外貨不足に陥った国へ外貨資金を緊急融資することで，国際貿易の安定化と促進をめざす。併せて，世界各国の為替政策の監視を行い，世界経済の発展に寄与することを目的としている。世界各国の中央銀行の調整役の役割を果たしている。
2) 2011年末時点でのわが国政府や企業の持つ対外純資産額は約253兆円を記録している。これは，21年連続世界一の記録でもある。
3) 「もしもの事態」とは，外国為替市場での（短期的な）通貨の乱高下などのケースが考えられる。我が国の場合，円の下落が考えられ，円安を防止するために，通貨当局が保有している外貨（ドル）を売って円を買い支える。

第8章　外国為替市場

　本章では，外国為替市場と外国為替レートの決定について考察する。

　世界各国の通貨を交換する市場を「外国為替市場」(foreign exchange market)[1]という。より厳密には，外国為替市場とは，外国為替[2]を売買する市場であり，ここで決まる通貨の価格（自国通貨と外国通貨の交換比率）が外国為替レートである。現在の主要先進諸国を中心とする各国は，外国為替の市場原理に為替レートの調整をゆだねる「変動為替相場制度」(floating exchange rate system：通称，フロート制）を採用している。一方で，発展途上国の多くは「固定為替相場制度」(fixed exchange rate system）を採用している。

　外国為替制度は，1973年に，戦後約20年間続いてきた固定為替相場制度（通称，ブレトンウッズ体制）から先進国を中心とした変動為替相場制度に移行した。変動相場制へ移行してから，外国為替取引量は，世界経済の取引量，特に80年代からの国際資本の取引量の増加とともに拡大傾向を続けてきた。国際決済銀行（ＢＩＳ：Bank for International Settlements）が公表している2010年4月時点での国別の1日当たりの外国為替取引額を見ると，1日当たりの為替取引が最も大きかったのがイギリスであり，1日当たり1兆8,536億ドルと世界の36.7%を占めている。首都ロンドンが世界の為替取引の中心都市として世界をリードしていることが分かる。イギリスに次いで取引量が多いのがアメリカの9,044億ドル（同，17.9%）で世界第2位である，3番目に日本の3,123億ドル（同，6.2%），4番目にシンガポールの2,660億ドル（同，5.3%），以下スイス，香港，フランス，デンマーク，ドイツと続いている[3]。

117

第Ⅱ部　国際マクロ経済学

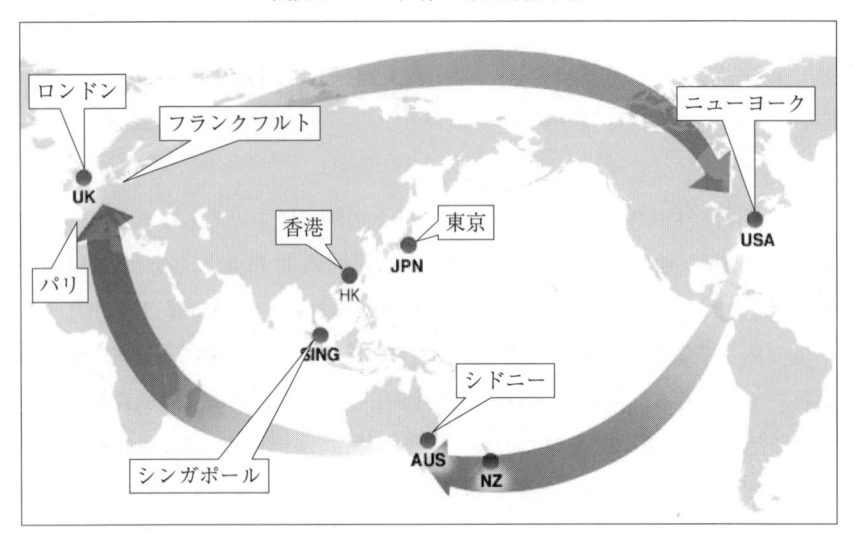

図表8－1　世界の外国為替市場

世界の主要な外国為替市場は，アジア・太平洋地域では東京，シドニー，シンガポール，香港である。ヨーロッパではロンドン，パリ，フランクフルトであり，アメリカはニューヨークである。外国為替市場の開始は，まずシドニーで始まり，東京，香港，シンガポール，パリ，フランクフルト，ロンドン，ニューヨークと世界を一周しながら24時間リアルタイムで取引が行われている。さらに，市場での取引規模でいえば，ロンドン市場（イギリス），ニューヨーク市場（アメリカ），東京市場（日本）が世界の三大市場と呼ばれている。

第1節　外国為替レート

　外国為替レート（foreign exchange rate）は，2国間の通貨（自国通貨と外国通貨）の交換比率（レート）である。一般的に外国為替レートには，(1)自国通貨を基準に表示する「自国通貨：邦貨（内貨）建て」為替レート（日本の場合，円建て為替レート）と(2)外国通貨を基準に表示する「外国通貨（外貨）建て」為替

レート（例えば，ドル建て為替レート）がある[4]。

　自国通貨（邦貨：内貨）建てとは，外国通貨（ドル）の価格（ドルの価値）を自国通貨（円）で表記したもので，例えば，1ドル＝100円というように，外国通貨の1単位（1ドル）当たり価格を自国通貨（100円）で表わす。これに対して，外国通貨（外貨）建てとは，自国通貨（円）の価格（円の価値）を外国通貨（ドル）で表したもので，例えば，1円＝1／100（＝0.01）ドルというように，自国通貨の1単位（1円）当たり価格を外国通貨＝0.01ドルで表す。我が国では，自国通貨建て（円建て）表記が一般的である。我が国をはじめ米国・スイスなど多くの国で自国通貨建てが採用されているが，イギリスのポンドや欧州連合（EU）のユーロなどは外国通貨（外貨）建て表示方法を採用している。

＜為替レートの変動＞

　為替レートは，外国為替市場での市況―通貨に対する需・給（売買）状況―次第で日々変動している。自国通貨建ての場合，例えば，1ドル＝100円が1ドル＝120円になったり，あるいは1ドル＝100円が1ドル＝80円になったりする。前者を円安，後者を円高という。

　具体的には，前者のケースの1ドル＝100円が120円に変わった場合，1ドルを手に入れるために120円が必要になるから，これを外貨であるドル通貨の価値が高くなったという意味で，ドル高（円安）という。逆に，1ドル＝100円が80円に変わった場合，1ドルを手に入れるために80円の支払いで済むから，これを外貨ドルの価値が下がったという意味で，ドル安（円高）という。

　このように，外国為替市場では様々な通貨が様々な要因によって売買されており，日々変動している。

　次節では，為替レートが外国為替市場でどのように決定されていくのか，外国為替レートの決定について考察していく。

第2節　外国為替レートの決定理論

外国為替レートは，外国為替市場における当該国の通貨の価格であり，その国の通貨に対する需要と供給の関係で決まる。

そして，この需要と供給の具体的な関係は，基本的には，国際収支で決まる。例えば，我が国の国際収支が黒字であれば円高，赤字であれば円安になる。しかし，現実には外国為替レートは，次の第3節で検討するように，様々な要因によって影響される。

本節では，まず外国為替レートの決定メカニズムについて考察する。

＜外国為替レートの決定メカニズム＞

基本的に，外国為替レートは外国為替市場における当該国の通貨と外国通貨の売り買い（需要と供給）によって決定される。例えば，輸出が輸入よりも多ければ当該国の通貨が高くなり，逆に輸入が輸出より多くなれば当該国の通貨は安くなるというように，輸出や輸入による通貨の受け払いによって決定される。

A　自国通貨（円）建て為替レート

図表8－2は，自国通貨（邦貨：円）建ての外国為替市場を表わしている[5]。前節で見たように，"自国通貨建て為替レート"（円とドルとの交換比率：円／ドル）とは，外貨1単位（米国通貨：1ドル）当たりの価格を自国通貨（円）で表したものである。換言すれば，これは外貨（米ドル）の自国通貨（日本円）建て価格（1ドル＝e円）で表記される。

第8章　外国為替市場

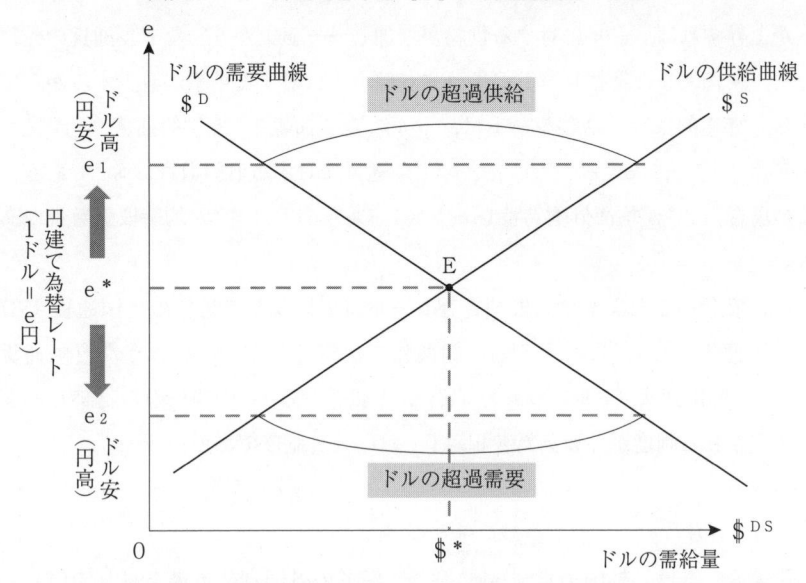

図表 8 − 2　外国為替市場［Ⅰ］─自国通貨建て市場─

（縦軸：自国通貨（円）建て為替レート（1ドル＝e円）、ドル高（円安）↑↓ドル安（円高）、e_1、e^*、e_2。横軸：ドルの需給量、$\$^{DS}$、$\$^*$。曲線：ドルの需要曲線 $\$^D$、ドルの供給曲線 $\$^S$、均衡点 E、ドルの超過供給、ドルの超過需要）

　上図 8 − 2 では，縦軸に自国通貨（円）建て為替レート（e）を，横軸には外国通貨（米国通貨ドル）に対する需要・供給量（$\$^{DS}$）を測っている。この場合，縦軸は外国通貨（外貨：ドル）の自国通貨表示価格が表されることになる（1ドル＝e円：1ドル＝100円等々）。

　図中の $\$^D$ 曲線は，外貨（ドル）に対する需要曲線であり，$\$^S$ 曲線は，外貨（ドル）に対する供給曲線である。ここで，ドル需要曲線 $\$^D$ が右下がりになるのは，ドルの価格（為替レート）が上昇（ドル高）すればドルに対する需要が減少し，逆にドルの価格（為替レート）が下落（ドル安）すればドルに対する需要が増加するからである。これは，外国為替市場は，外国通貨の取引（売買）の場であるから，ドルの価格が上がれば（円安），市場の論理に従って，ドル通貨に対する需要は減少していく。逆に，ドルの価格が下がれば（円高），ドルの需要は増加していく。したがって，ドル通貨の需要曲線 $\$^D$ は右下がりの形状を描くことになる。

121

第Ⅱ部　国際マクロ経済学

　また，ドル（外貨）の供給曲線＄^{S}が右上がりになるのは，ドルの為替レートが上昇すれば，ドルに対する供給が増加し——値上がりしたドル通貨の売却——，逆にドルの為替レートが下落すればドルに対する供給が減少するからである。究極的には，為替レートは，ドルの需要曲線＄^{D}と供給曲線＄^{S}が交わるE点（e＊）に決まる。このときのドル通貨に対する取引数量は＄＊である。この場合，e＊が均衡外国為替レート（1ドル＝e円），＄＊が均衡取引数量である。

　ここで考察したように，外国為替レートは外国為替市場での自国通貨（円）と外国通貨（ドル）に対する需・給関係で決定される。このような自国通貨（円）と外国通貨（ドル）の需要（買い）と供給（売り）の関係から為替レートが決定される制度が「変動為替相場」（フロート）制度である。

B　外貨（ドル）建て為替レート

　図表8－3は，外国通貨（外貨：ドル）建ての外国為替市場を表している。前述のように，外国通貨建て為替レートとは，自国通貨1単位（1円）当たりの価格を外国通貨（ドル）で表したものである。換言すれば，これは自国通貨（円）の外貨（米ドル）建て価格で表記される（1円＝eドル）。

　図表8－3では，縦軸に外国通貨（ドル）建て為替レート（e）を，横軸には自国通貨（円：¥）に対する需要・供給量（¥^{DS}）を測っている。この場合，縦軸は自国通貨（邦貨：円）の外国通貨表示価格で表記される（例えば，1円＝eドル：1円＝0.01ドル等々）。

　図中の¥^{D}曲線は，自国通貨（円）に対する需要曲線であり，¥^{S}曲線は，自国通貨（円）に対する供給曲線である。円通貨の需要・供給曲線の交点E（e＊）で外貨（ドル）建て為替レート（1円＝e＊ドル）が決まる。

　以上，外国為替市場の決定メカニズムを考察してきたが，自国通貨（円）建て為替レートにせよ外国通貨（ドル）建て為替レートにしても，外国為替レートは基本的には，通貨（円やドル）に対する需要（買い）と供給（売り）の関係で決まる。

第8章 外国為替市場

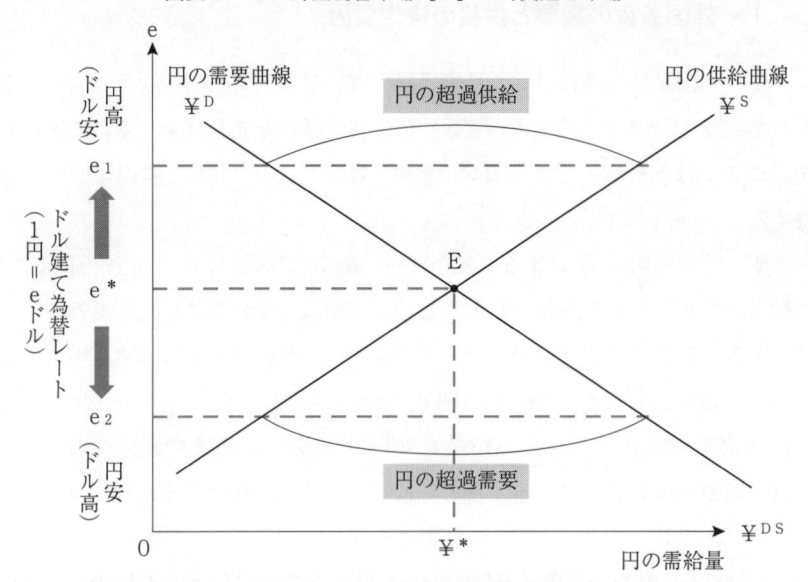

図表8-3 外国為替市場 [Ⅱ] —外貨建て市場—

縦軸：e（ドル建て為替レート（1円＝eドル））、上方向が円高（ドル安）、下方向が円安（ドル高）。e_1、e^*、e_2。
横軸：円の需給量、$¥^{DS}$。
円の需要曲線 $¥^D$、円の供給曲線 $¥^S$、均衡点 E、均衡取引量 $¥^*$。
e_1 の水準では円の超過供給、e_2 の水準では円の超過需要。

次節では，外国通貨（ドル）に対する需要量や供給量を決める要因にはどのようなものがあるのか，すなわち外国通貨（ドル）の需・給決定要因について考察する。

第3節 外国通貨の決定要因

前節で考察したように，外国為替市場での為替レートは，基本的には自国通貨（円）や外国通貨（ドル）に対する需要（買い）と供給（売り）によって決定される。現実の世界経済においては，為替レートは様々な要因によって影響されており，一義的に説明することは困難である。

本節では，外国通貨に対する需要量や供給量を決める要因にはどのようなものがあるのか，外国通貨の需・給決定要因について考察する。

第Ⅱ部　国際マクロ経済学

1　外国通貨の需要と供給の決定要因

　さて，外国為替市場において外国通貨の買い手（ドルの需要者）と売り手（ドルの供給者）はどのような動機（要因）から外国通貨を売り買いするのであろうか。ここでは，外貨の主要な買い（需要）要因と売り（供給）要因について考察する。

　まず，外貨（ドル）に対する主要な買い（需要）要因として，(1)当該国（日本）の輸入業者が海外から商品を輸入する場合の輸入代金の支払い，(2)海外のサービス業者（通信，輸送，保険etcのサービス業）からサービスを購入する場合の支払い，(3)海外旅行を行う場合，(4)外国への証券投資（株式，国債，社債の購入）や直接投資（外国企業の買収（M＆A）や不動産の購入），(5)その他，外国人の国内有価証券の保有者に対する配当金や金利の支払い，等々が考えられる。

　これに対して，外貨（ドル）に対する主要な売り（供給）要因としては，(1)当該国（日本）の輸出業者が海外へ商品を輸出して受け取った外貨建て輸出代金（ドル）を自国通貨（円）に交換した場合，(2)外国人が当該国（日本）のサービス業者（通信，輸送，保険etcのサービス業）からサービスを購入した場合のサービス購入代金の支払い，(3)外国人旅行者の支払い代金，(4)外国人による証券投資（株式，国債，社債の購入）や直接投資（外国企業の買収（M＆A）や不動産の購入），(5)その他，当該国（日本）の投資家が保有する海外金融資産からの外貨建て配当金や金利収入の自国通貨（円）への交換，等々が考えられる。

　このように，外国為替レートは外国為替市場での自国通貨（円）と外国通貨（ドル）に対する需・給関係で決まることが理解される。このような外貨（ドル）に対する需要（買い）と供給（売り）の関係から外国為替市場で為替レートが決定される「制度」（国家の仕組み）を「変動為替相場制度」といい，変動為替相場制度の下では，国際収支の不均衡は外国為替レートの変動によって調整される。

　次項では，外国為替市場で為替レートが具体的にどのような要因によって決定されていくのか，外国為替レートの具体的な決定要因について検討する。

2　外国為替レートの決定要因

本項では，現実に外国為替レートがどのような要因によって決定されるのか，その具体的な決定要因について考察する。

為替レートの決定理論には，古典的理論と近代理論とがある。古典的理論には，伝統的に財・サービス等の輸出・輸入の国際的な経済取引に関する「フロー・アプローチ」（ＦＡ：Flow Approach）や物価水準の変化を反映した「購買力平価説」（ＰＰＰ：Purchasing Power Parity Doctrine）等がある。また，近代理論としては，金融資産の取引に関する「アセット・アプローチ」（ＡＡ：Asset Approach）がある。

既述のように，基本的に為替レートは，外国為替市場での外貨の需要と供給関係によって決定される。例えば，輸出が輸入よりも多ければ当該国の通貨が高くなり，逆に輸入が輸出より多くなれば当該国の通貨は安くなるというように，輸出や輸入による通貨の受け払いによって決定される。しかし，現代では金融が実体経済を動かすほどの力を持っており，金利の動きも為替レートの決定に大きな役割を持っている。また，超短期的には「投機」（speculation）を目的として通貨が売買されることが多く，投機の動きによっても為替レートが頻繁に変動している。さらに，長期的には各国の物価も変動するので，物価水準の違いが為替レートに影響を及ぼすことが考えられる。

ここでは，外国為替レートの決定要因について「時間視野」（time horizon）の視点から分類して，(1)フロー・アプローチ―短期的視野―，(2)アセット・アプローチ―超短期的視野―，そして(3)購買力平価説―長期的視野―の３つの要因に区分して考察する。

(1)　フロー・アプローチ

外国為替レートの主要な決定要因として，まず一定期間に生じた国際的取引による通貨の受け払いから外国為替の需要と供給に影響を与えるという「フロー概念」の視点からの為替レート決定理論について検討する。

第Ⅱ部　国際マクロ経済学

＜古典的な為替レート決定理論＞

　この理論は，輸出や輸入などの国際貿易（国際収支の動向）や資金の海外への流出入などの国際資本の動き（資本収支の動向）によって為替レートが決定されるという所謂「国際取引」による"短期的"なフロー取引を基軸にしたもので，1960年から1970年代はじめにかけて主張された伝統的・古典的な外国為替レートの決定理論である。この理論の特徴が，国際貿易や資本取引など一定期間の国際取引による通貨の売買によって外国為替レートが決定されるという「フローの需給関係」を基本としたものであるので，通称「フロー・アプローチ」（ＦＡ：Flow Approach）と呼ばれている。

　この理論は，基本的には国際貿易，つまり輸出と輸入などの国際貿易による通貨取引が外国為替レートに影響を与えるという理論である。

　まず，外国通貨の需要や供給の要因には国際取引における代金の支払いや受取りが考えられる。国際取引の中心は財やサービスの取引であり，輸出や輸入などの国際貿易が外国為替レートに影響を与える。輸入業者は，通常，取引銀行で自国通貨を支払って外国通貨を受け取るから，輸入は外国通貨の需要（自国通貨の供給）要因となる。また，輸出業者は，輸出代金（外貨）を外国為替市場で自国通貨（円）に為替交換するから，輸出は外国通貨の供給（自国通貨の需要）要因となる。また，その他の輸送や保険，観光などのサービス購入，利子・配当の支払い，海外投資などは外貨の需要要因であり，輸送などのサービス提供や利子・配当の受取り，海外からの国内投資などは，外貨の供給要因となる。

　国民経済計算（ＳＮＡ）上，財・サービスの貿易や資本取引は「フロー」（Flow）概念であるので，この理論をフロー・アプローチ（Flow Approach）という。

　為替レートの変化以外の何らかの要因によって輸出が増大した場合，輸出代金としてのドルを円に換える必要がある。この場合，ドル売り円買いが起こる。これを図解すれば，図表8－4のように，ドル売りは外国為替市場でドル通貨の供給増となるので，ドル供給曲線が$\$^S$から$\$^{S'}$へと右方へ平行移動（シフト）し，為替レートが$e^*$から$e'$へと下落（ドル安・円高）する。

第8章 外国為替市場

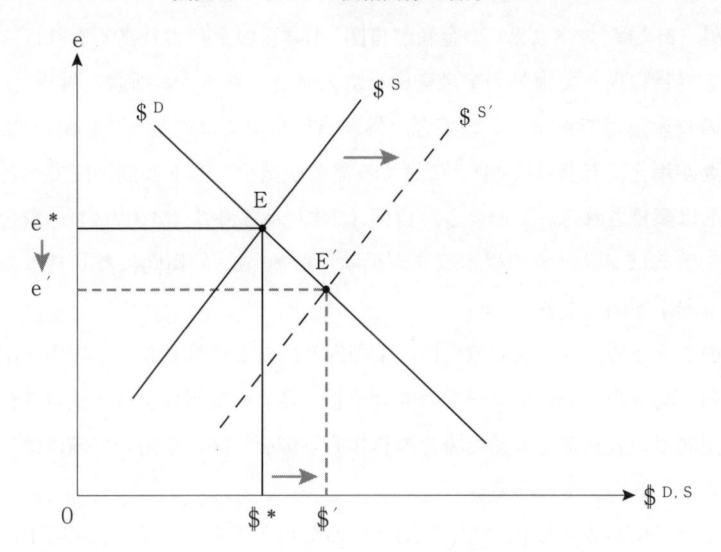

図表8－4 ドル供給曲線の右方シフト

(2) アセット・アプローチ

現代は，金融のグローバル化が進み，「貿易」つまり財・サービスの取引というよりも，「金融資産」(financial asset)つまり国債や株などの売買のための国際間での金融取引の割合が急速に増加し，為替レートの決定に大きな影響を与えている。

このように，世界経済での金融取引の進化と変貌を背景にして，最近，金融資産の取引によって生じる各国通貨の売買（需要・供給）関係が為替レートの決定に大きな影響を与えるという理論が，より現実的視点から為替レート決定において重視されるようになってきた。このような，実体経済における金融資産の運用から，外貨の短期的な取引によって為替レートの動きを説明する立場を「アセット・アプローチ」（資産アプローチ：Asset Approach）という。

例えば，資金を海外で資産運用する場合，外貨建ての金融資産（例えば，外貨預金や外国政府発行の国債 etc）の収益率（金利）の高さと自国の金融資産の収益率の高さを比較して，外貨建ての資産運用が有利か自国建ての資産運用が有

127

利かによって決められる。

　海外（例えば，アメリカ）の金利が自国（日本）の金利より高くなれば，保有資金を外貨に換えて海外の金融資産を購入するであろう。所謂，外貨（ドル）建ての資産運用である。この場合，外国為替市場では外貨（ドル通貨）に対する需要が増え，邦貨（円通貨）に対する需要が減少し，ドル高・円安へと為替レートは調整される。このとき，自国（日本）から海外（アメリカ）へ資金が流出し，例えばアメリカの資本収支が黒字（資金の流入）傾向になり日本の資本収支は赤字傾向になる。

　このような短期的な通貨取引は，(1)国内と国外との金利差，(2)国内と国外との金利変動予想，(3)為替レートの変動予想，等々の要因によって決定される。

　二国間での金利差を考えた場合の具体的事例を，図表を用いて描けば，次頁の図表8－5のようになる。

　例えば，何らかの要因で自国（日本）の金利が下がった場合，相手国（アメリカ）との金利差が拡大し，相手国のドル建て通貨での資産運用が有利になり（自国での円建て資産運用が不利），投資家は資金を自国でなく金利が高い相手国で運用するであろう。この場合，自国通貨（円）が売られ相手国通貨（ドル）が買われるために，相手国通貨（ドル）の需要が増加して自国通貨安（円安）・相手国通貨高（ドル高）が起こる。

　これは，図表8－5のように，縦軸の為替レート（e）以外の要因（金利変動）によってドル通貨の売買（需要・供給）が行われるので，ドル通貨の需給曲線（\$^{D}線と\$^{S}線）のシフト「平行移動」として図示される。

　この場合，自国の金利の低下による相手国の（相対的な）金利高が国内投資家をして相手国での金融投資を誘引させる，つまり投資家による相手国通貨買い（ドル需要）が進むので，図表8－5のように，ドル需要曲線\$^{D}が\$^{D}から\$$^{D'}$に右方向へ平行移動（シフト）して，為替レートがドル高・円安（$e^* \to e'$）へと調整される。

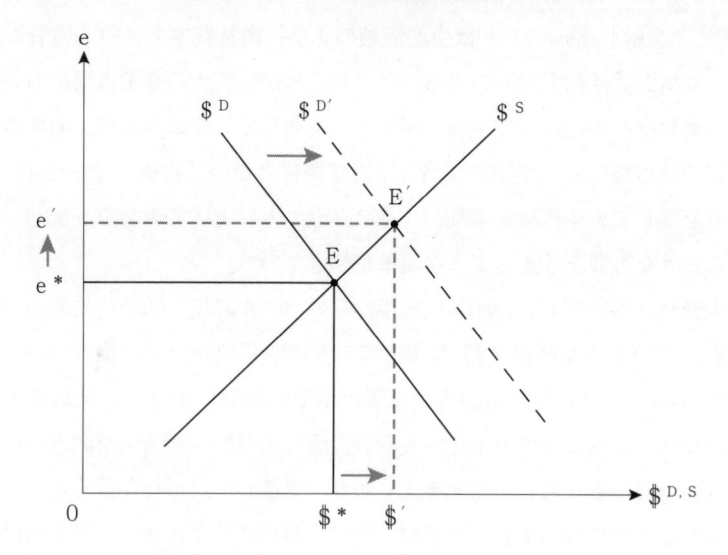

図表8−5　ドル需要曲線の右方シフト

A　投機的要因による為替レート決定

このように，資産運用の視点から，外貨を資産（ストック）として捉えて外貨の短期的な取引によって為替レートの動きを説明する立場をアセット・アプローチという。

基本的には，為替レートが上記のような金融資産の運用要因によって決まるわけである。だが，現実的な実体経済においては，超短期的に為替レートが大きく変動することがある。それは，通貨自体が投機的な投資対象となって売買される場合である。特に，20世紀後半から世界の金融市場で金融のグローバル化，金融の自由化・市場主義化が急速に進行し，規制の枠組みが取り除かれ，投機的要因あるいは国際資本の動きによって為替レートが超短期的に大きく変動して，実体経済に大きな影響・損失を与えるという事例が頻発している。その最たる事例が，イギリス通貨のポンド危機であり，アジア通貨危機，ロシア通貨危機である。

第Ⅱ部　国際マクロ経済学

B　金融が実体経済を動かす

　本来,「金融」(finance) とは生産活動の元手, 産業資本を供給し投資を拡大させ, 経済を活性化するものであった。ところが, 現代の金融市場においては, 金融のグローバル化, 市場主義化が急速に進展して, 規制が緩和・撤廃され, 世界の金融市場において実体経済とは直接関係のない「投機」(speculation) が金融力を増して実体経済を攪乱し, その金融の力によって産業を支配し, 実体経済に大きな影響を与えるような現象が起きている。

　日本経済においても, 1980年代後半からのバブル経済と90年代初期のバブル崩壊も, このような経済活動 (実物投資) とは関係のない「投機」(財テク：財務テクノロジー) が目的の金融資金の運用がその根幹にあった。金融市場のグローバル化と資本市場の自由化—規制の撤廃と国際資本の活発な動き—に日本経済は戦略的に乗り遅れ, 足元をすくわれ, 崩壊していったと言えるであろう。

　外国為替市場においても, 既述のように, 超短期的に通貨が投機目的に売買されるケースが増えており, 通貨の投機的取引によって為替レートが決定されているのが実情である。

　通貨に対する投機的売買は, 国際的な資金の移動として外国為替レートに大きな影響を与える。投機的な資金による通貨の売買 (外貨への需給) が為替レートに大きな影響を与えている。投機は, 土地投機や株・債券投機などに見られるように, 将来における資産価格の変動を予想して行われる。為替取引においても, 通貨は投機性が高い商品であり, 投機的対象物とみなされる。為替の変動を利用して, 通貨が安いときに買って, 高くなったときに売ることで利ざやを稼ぐことができる。通称, このような取引を「裁定取引」という。

　例えば, ある国の通貨 (円) が将来値上がりする (円高) という予想があれば, その通貨が安い時に購入して, 値上がりした時点で売却すれば, 一定の利益 (キャピタル・ゲイン：capital gain) が得られる。このような予想が, 結果的にその通貨の価値を上げることになる。このように, 国境を越えて資金が移動することを「国際資本移動」(international capital movements) という。

　現代では, 金融のグローバル化が急速に進展しており, 世界の投機的な資金

第8章　外国為替市場

は通貨への投機へと向かい，国際貿易以外の理由で為替変動が起こることが日常茶飯事に起こっている。

　金融のグローバル化が進展した背景には，世界各国が変動為替相場制を採用したこと，資本市場の拡大や情報通信技術の変革（ＩＴ革命）の急速な進展が考えられ，世界の政治・経済の動きや，金利や株価の動きに応じて通貨投機が行われている。国際的な投機資金は，高い収益率を求めて株式や債券などの金融資産へ向かっていく。為替投機は，資産（asset）運用——資産選択——の問題であり，海外の資産収益率の高いところへ国際的な資金移動が起こり，外国為替レートに影響する。

　このような投機的な資金取引を前提とした為替レートの決定理論が「アセット・アプローチ」であり，また，アセット・アプローチは金融資産等の運用であるので「ストック」（stock）概念でもある。

(3) 購買力平価説

　購買力平価説（ＰＰＰ：Purchasing Power Parity Doctrine）とは，二国間で自由貿易が行われる場合，長期的にはどちらの国で商品を購入しても同一の価格になるように為替レートが調整されるという，"長期的視野"に立った為替レートの決定理論である。

　通常，時間を"長期"にとれば，物価は変動する。物価が変動するような場合，物価水準が為替レートに影響を与える。物価変動が為替レートを決定するという理論が，購買力平価説である。購買力平価説には，「絶対的購買力平価」と「相対的購買力平価」がある。

A　絶対的購買力平価説

　絶対的購買力平価説は，自国の物価水準と相手国の物価水準の比で表される。
　ここでは，ある商品Ａ（例えば，ハンバーガー）を事例にとって購買力平価を求めてみる。通常，購買力平価説は，自由な経済取引を前提とすれば，世界で販売される同一商品（例えば，ハンバーガー）は，どこで販売されても長期的

第Ⅱ部　国際マクロ経済学

（最終的）には同一価格になるという，世界市場を視野に置いた「一物一価の法則」が成立するような"長期的"視点に立った為替レートの決定理論である。長期的には，同一商品が同一価格で購入できる水準に為替レートが収斂していくというこの理論は，スウェーデンの経済学者グスタフ・カッセル（G. Cassel）[6]によって1921年に提示されたもので，共通の個別商品などによって計算された，各国の通貨の購買力の交換比率を反映した外国為替レート理論である。

例えば，ある商品A（例えば，ハンバーガー）の購買力平価を求めると以下のようになる。

ハンバーガーの1個の価格が，日本では400円，アメリカでは1ドルだとする。このとき1ドル＝400円が購買力平価による為替レートである。

次に，為替レートが1ドル＝200円になった場合を考えてみる。この場合，200円を1ドルに交換してアメリカからハンバーガーを輸入すれば，2個入手できる。この場合，アメリカからの輸入が増えて，ドル通貨への需要が増加し（逆に，円は売られる），為替レートはドル高（円安）になる。為替レートが1ドル＝400円になるまでドル価格が上昇すれば，日本とアメリカのどちらで購入してもハンバーガーの購入量は同じになる。究極的―長期的―には，為替レートは1ドル＝400円に収斂していく。これが絶対的購買力平価説である。

B　相対的購買力平価説

これに対して，相対的購買力平価説は，ある一定時点での基準時をベースにして，この基準時から物価水準がどれ位変化したかを示す物価指数によって計算される。ある時点での物価水準を基準に，その後の物価変動から購買力平価を導出するものである。

例えば，上記の事例に沿って説明すれば，ある基準時点での為替レートが1ドル＝400円とする。その後，日本の物価が3％上昇し，アメリカの物価が6％上昇した場合を考えよう。この場合，日本とアメリカの物価上昇率を比較すれば，日本に比べてアメリカの物価が相対的に3％上昇している。この場合，アメリカの国民は物価が安い日本から商品を輸入した方が得することになる。

第8章　外国為替市場

日本からアメリカへの輸出が増大して，日本の輸出企業は輸出代金として受け取ったドルを日本の銀行で円に交換する。このとき，外国為替市場ではドル売り円買いが発生し，ドルの価値が3％下がり，逆に円の価値が3％上がる。究極的（長期的）には，為替レートは下式のように収斂していく。

<計算方法>

$$(8\text{-}1) \quad R^* = R_0 \times \frac{P_j}{P_u} = 400 \times \frac{412}{424} \fallingdotseq 389$$

但し，R^*は相対的購買力平価，R_0は基準時点の為替レート，P_jは日本の物価指数，P_uはアメリカの物価指数である。

上式から，究極的には為替レートは1ドル≒389円に落ち着くわけである。これが相対的購買力平価説である。

以上から，為替レートは，"長期的"には購買力平価説に従って決定されるということができる。この購買力平価説に従えば，長期的にはどこにおいても同じ商品が購入できるように為替レートが決定されるという理論である。

<実質為替レート>

以上検討してきたように，基本的には購買力平価説は，物価変動を考慮してこの物価変動から購買力平価を導く手法である。この理論は，長期的には物価水準によって為替レートが決定されるという考え方で，外国為替レートは対象となる二国間の物価水準の比率によって決定されるとする説である。

この場合，購買力平価とは，ある二国間で，一方の国の物価が上昇した場合，当該国の通貨価値は低下するので，当該国の為替レートも低下して，物価が上昇する前と同一の実質価格でものが購入できるように為替レートが変更されるという説である。

例えば，対象となる価格が二国間で違っていた場合，当該国の通貨（円）の実力を示す"真の為替レート"は，二国間の物価水準を考慮した「実質為替

レート」で表される。これは，ある国の（円表示）物価水準（P_j）を相手国の通貨で表示された相手国の物価水準（P_u）で割って求められる。

<計算方法>

(8-2)　購買力平価R＝$\dfrac{日本の物価水準 P_j （円表示）}{アメリカの物価水準 P_u （ドル表示）}$

この二国間の物価水準を考慮した「実質為替レート」（購買力平価）は，その国の通貨が相手国で実質的に購入できる"真の購買力"（真の為替レート）を示している。

例えば，ある商品A（例えば，ハンバーガー）の購買力平価を求めると以下のようになる。

商品Aの日本での価格が100円（P_j）で，同じ商品Aのアメリカでの価格が1ドル（P_u）であったとしよう。この場合，商品Aで測った商品A一個の交換レート（真の為替レート：購買力平価）RAは1ドル＝100円となる。1ドル＝100円が商品Aを両国で購入するときの「真の実質為替レート」（購買力平価）である。

次に，アメリカの物価水準は一定不変で，日本の物価P_jが上昇したケースを考えてみる。

商品Aの日本での価格が110円（P_j）になり，同じ商品Aのアメリカでの価格が1ドル（P_u）のままであったとしよう。この場合，商品Aで測った商品A一個の交換レート（真の実質為替レート：購買力平価）RAは1ドル＝110円となる。1ドル＝110円が商品Aを両国で購入するときの「真の為替レート」（購買力平価）となる。

つまり，アメリカの物価は変わらずに，日本の物価が上がった場合，物価が上がった国（日本）の国内での通貨の価値（実質購買力）は下落する。この場合，真の実質為替レートである購買力平価Rは下がり，その国の対外的通貨価値（為替レート）は低下する，という理論展開である。

<名目為替レートと実質為替レート>

　ここで，現実に外国為替市場で決まる"現実の為替レート"が「名目為替レート」である。これに対して，本項で検討してきた"物価変動を考慮した為替レート"を「実質為替レート」という。この名目為替レート（現実の為替レート）と物価変動を考慮した「真の実質為替レート」（購買力平価）の差が「内外価格差」(international price differentials) となる。逆にいえば，内外価格差は購買力平価（真の実質為替レート）を現実の為替レート（名目為替レート）で割った数値で表すことができる。したがって，内外価格差は為替レートの変動によって大きく変化することが分かる。

　また，商品ごとに内外価格差は違うから，購買力平価は商品ごとに違ってくる。この場合，内外価格差がない商品については現実の名目為替レートと真の実質為替レート（購買力平価）は一致する。これは，輸出品や国際的な価格競争にさらされている貿易財について当てはまり内外価格差は見られない。

　購買力平価説という理論は，対象とする二国間で，ある財の価格が違っていた場合，この価格の差を是正するように為替レートが変動し収斂していくという理論である。二国間で物価水準に違いがみられる場合，両国間で同じものが買えるように為替レートが決まるという説である。この場合，現実の為替レート（名目為替レート）は物価変動を考慮に入れた真の為替レート（実質為替レート）に等しくなる。

　以上の考察から分かるように，購買力平価説は「長期的」視点から見た為替レート決定理論である。長期の視点から見れば，各国の物価変動が為替レートに様々な影響を与えていくものと考えられる。各国の経済実態を比較する場合，物価水準の違いを考慮した購買力平価で換算した実質為替レートで比較する必要があるわけである。

<規制の存在や取引制限，系列の問題>

　上記の事例は，世界の市場で売買される貿易財については当てはまるが，国内での規制があったり企業間での取引制限や系列などの存在や，グローバルな

取引になじまない所謂「非貿易財」については当てはまらない。

貿易財産業は,国際的な価格競争にさらされているために,常にコスト削減努力をして生産性を上げてきた。これに対して,非貿易財関連産業[7]に属する財貨・サービスは,国際的な価格競争にさらされることがなく,コスト削減努力が低下しがちで,比較的割高になる傾向がある[8]。したがって,非貿易財の「内外価格差」は大きくなり,現実的為替レートは購買力平価との差が大きい。

第4節 内外価格差と構造改革

我が国で「内外価格差」(international price differentials)の問題が表面化しだしたのは,円高が進んだ1985年の「プラザ合意」以後のことである。ドル高是正のための国際的な協調介入が行われたプラザ合意以降,我が国では急激な円高が進み対照的にドル安が進んだアメリカとの間での同一商品の価格差,即ち「内外価格差」問題が表面化するようになった。

一般的に,内外価格差とは同一の商品やサービスの国内価格と海外価格の差をいう。この内外価格差の程度は,理論上「国内での価格」を「円換算した海外価格」で割った数値で表される。この場合,海外価格はその時の外国為替市場で決定された通貨の交換レートで換算される。

$$(8\text{-}3) \quad 内外価格差 = \frac{国内価格(日本の物価水準)}{円換算した海外価格^*}$$

＊但し,円換算した海外価格＝海外での価格(ドル表示価格)
$$\times 為替レート(円／ドル)$$

したがって,(8-2)式と(8-3)式から,次式が導出される。

$$(8\text{-}4) \quad 内外価格差 = \frac{購買力平価}{為替レート(円／ドル)}$$

上式(8-4)は,内外価格差は購買力平価を実際の為替レートで割った値で表される。

上式 (8-4) と (8-3) 式から分かるように，内外価格差は為替レートの変動によって大きく影響される。例えば，円高が進めば我が国とアメリカの内外価格差は拡大していく。逆に，円安になれば我が国とアメリカの内外価格差は縮小していく。

また，上式 (8-4) から分かるように，内外価格差は物価の変動によっても影響を受ける。比較対象国のアメリカの物価が変わらないとして，我が国の物価が上昇傾向にあれば我が国の内外価格差は拡大していく。現在の日本は，物価下落基調，つまりデフレ経済であるのでこの差は縮小傾向にあるものと考える。

かつては，我が国の物価水準は世界的に見ても高かった。その理由として，国内の様々な規制や輸入制限，業界系列の存在が内外価格差を広げていると言われてきた。このような複雑な流通機構や規制等が我が国経済の「高コスト」構造を形成して国際競争力を妨げていると批判されてきた。我が国では，自動車，家電業界などの輸出産業（貿易財産業）では，常に国際競争にさらされてコスト削減・生産性を向上させて，さらに輸出を伸ばしこの輸出の伸びが円高を押し進めてきた。

このように国際競争力のある強い輸出産業によって決まる我が国の為替レートについていけないのが規制や産業障壁，業界系列に護られ「高コスト構造」に胡坐をかいてきた「国内産業」（非貿易財産業）である。国際競争力に競り勝って生産性を伸ばしてきた製造業（貿易財産業）の製品の内外価格差は，ほぼゼロと言ってよいが，規制等に護られた国内産業（非貿易財産業）の製品（農産物以外，ほとんどがサービス）の内外価格差は倍以上ときわめて高い数値となっている[9]。

<日本経済の高コスト構造と構造改革>

我が国は世界的に見ても物価が高いと言われてきた。これが内外価格差を高める主要な要因である。我が国の物価高の原因は，国際的な競争にさらされていない国内産業（非貿易財産業）の「高コスト」構造（高い人件費や地価，輸送費，

光熱費など）にある。

このような国内産業の価格は，国内事情によって決定され，割高になる傾向がある。したがって，内外価格差も大きくなる。

それでは，国内産業の高コスト構造を解消させて，内外価格差を解消する方法としてどのようなものがあるのか。

ここでは，次の2点を挙げておく。

(1) 国内の産業構造の転換。すなわち，輸出（外需）主導型産業構造を是正し，国内産業（内需）主導型の産業構造改革を推進し，為替レートを低下させる—円安の推進—。
(2) 国内の高コスト構造の是正と国内物価水準の引き下げ。すなわち，非製造業部門（非貿易財産業）における規制改革の推進や国内の市場開放による「競争原理」の導入による生産性の向上。

(1)の自国の為替レートを低下させるには，国内産業を活性化させて国内消費を促して輸入を増やしていく。具体的には，国内の市場開放や，規制緩和等の構造改革を推し進めて，次世代産業，ニュービジネス，ベンチャー企業等々を育成していく戦略を構築する必要がある。新規企業参入を促して，国内需要を生み出す戦略である。

(2)の物価水準を引き下げるには，わが国の低生産性部門，つまり高コスト産業である農業，建設部門や運輸，金融部門の効率化を促す必要がある。規制緩和をより一層促進させて「市場の競争原理」を導入し，生産性を引き上げ「高コスト構造」の是正を行うことである。所謂，「構造改革」を推し進めることである。

第8章　外国為替市場

【注】

1) 外国為替市場とは，銀行間の外貨の取引の場であり，具体的な市場（取引所）が存在しているのではなく，電話や通信媒体（コンピュータ端末）などの通信機器で取引が行われている「ネットワーク市場」である。

　財の輸出や輸入の貿易以外に海外への投資や送金などの目的のために，自国通貨を外国通貨に交換したり，外国通貨を自国通貨に交換したりする場合に，銀行を通じて通貨交換を依頼する。我が国では，外国為替（国際間の資金移動取引）は"外国為替管理法"（略称：外為法）によって外国為替公認銀行（通称，為銀）しか扱うことができなかったが，1997年に法律が改正され"為銀主義"は廃止された。

2) 外国為替は，外国との経済取引の際に現金で直接受け払いすることなく，手形や小切手などを用いて決済する方法。海外に送金する場合に現金を用いず，自国の金融機関と相手国の金融機関の金融取引を利用して送金する方法で，外国為替手形や送金為替などがある。外国為替の場合，異なる国の通貨を用いて手形決済がされるから，異なる通貨間の交換比率が必要になる。この交換比率が「外国為替レート」（外国為替相場）である。

3) 国際決済銀行（ＢＩＳ）公表の資料を参照。

4) 現在，外国通貨としては米国通貨のドル（＄）が国際通貨として使われているので，ここでは，外貨をドルによって表示していく。

5) なお，外国為替市場の分かりやすい解説としては，下記の文献を参照。

　　※福田慎一・照山博司共著『マクロ経済学・入門』（第4版）有斐閣アルマ，2011年。

6) スウェーデンの経済学者カッセル G. Cassel（1866年～1945年）は，1921年に購買力平価説を発表した。下記の文献を参照。

　Cassel, G., *The World's Monetary Problems Two Memoranda*, 1921.（田村敏雄・毛利英於菟訳『世界の貨幣問題（購買力平価説）』日本評論社，1928年）

7) 非貿易財産業には，各種のサービス業，卸し・小売り，輸送・交通，通信，不動産・建設，電力・ガス・水道，等々がある。

8) 特にサービス産業では，コストの大半は人件費で占められており，我が国のように「年功序列」や「終身雇用」という独自の雇用条件（労働市場）の下では必然的に人件費の割合が高くなる。この割高な人件費が製品価格に転嫁されて，高価格社会＝高コスト社会を形成することになる。

9) 文献「International Monetary Fund, World Economic Outlook Database, April 2011」を参照。

第9章　国際通貨制度

　国際社会において経済取引（貿易や金融取引）の決済手段として使用される通貨を「国際通貨」（基軸通貨：Key Currency）という。そして各国間の通貨の交換比率が「外国為替レート」であり，この為替レートを決める国際的な合意に基づく基準を「国際通貨制度」（International Currency System）という。

　この国際通貨制度の目的は，(1)国際通貨を使った決済制度の整備，(2)国際収支の調整，そして(3)世界経済を安定的で発展的なものにすることにある。国際通貨制度の変遷を見れば，以下のように，金本位制度，固定為替相場制度および変動為替相場制度がある。

＜金本位制度＞

　まず，世界の通貨の基本は金本位制度（Gold Standard System）から始まっている。金本位制度では通貨流通の裏付け（信用力）として「金」との交換を条件に通貨が発行される。すなわち，通貨の金への交換（これを，金兌換という）を保証することで，通貨の流通を促していく制度である。

　金本位制は19世紀にイギリスで始まり，世界の主要国に広まっていった。そして，通常の決済は豊富な富を持つイギリスの通貨ポンド（£）で行われ，イギリスのポンドが当時の国際通貨（基軸通貨）になっていった。また，戦後（20世紀半ば以降）の通貨制度は，アメリカの通貨ドル（＄）と金との交換を基軸とした「固定為替相場制度」（金・ドル本位制度）を柱とする「ブレトンウッズ体制」（ＩＭＦ体制）からスタートしている。

＜固定為替相場制度＞

　固定為替相場制度（Fixed Exchange Rate System）は，外国為替レートをある

一定の水準に固定していく制度である。この場合，具体的には外国為替市場での為替レートの変動を通貨当局（中央銀行）が市場介入して一定の固定レート（これを，「平価」という）へ誘導していく通貨制度である。この場合，中央銀行はその国の為替レートを固定するために，常に為替市場での自国通貨の「超過供給」や「超過需要」を吸収するための市場介入を行う必要がある。

例えば，外国為替市場で自国通貨（円）への需要（買い注文）が高まり円通貨への「超過需要」が発生した場合，放置していたら自国通貨高（円高）になるから，自国通貨の価値上昇（円高）を防ぐために，中央銀行は自国通貨の需要超過分だけ自国通貨を売り続ける必要がある——自国通貨売り（円売り）＝外国通貨買い（ドル買い）——。これとは逆に，自国通貨（円）の供給（売り）が増加し円通貨の「超過供給」が発生した場合，自国通貨の価値下落（円安）を防ぐために，中央銀行は円の超過供給分だけ自国通貨を買い続ける必要がある——自国通貨買い（円買い）＝外国通貨売り（ドル売り）——。

このように，通貨当局（中央銀行）は自国の通貨価値を一定に固定していくために，常に現実レートと固定レートが一致するまで外国通貨（ドル）を為替市況に応じて売買していかなければならない。

＜変動為替相場制度＞

これに対して，変動為替相場制度（Floating Exchange Rate System：通称，フロート制度）は，通貨の交換比率（為替レート）の決定を外国為替市場での需要と供給の決定に委ねる制度である。この場合，為替レートの決定は市場調整に委ねられる。

この場合，政府や中央銀行が外国為替市場に介入することがなく，純粋に市場の需給関係に為替レートの決定を委ねる変動為替相場制を「清潔な変動相場制度」（クリーン・フロート制度：Clean Floating Exchange Rate System）という。しかし，このような制度は現実的ではなく実際には政府や中央銀行が市場の状況を見ながら何らかの形で市場に介入し，為替レートの安定化に努めるのが普通である。このような政府や中央銀行が介入する変動為替相場制を「管理され

第9章 国際通貨制度

た変動相場制度」(ダーティー・フロート制度,或いはマネージド・フロート制度：Dirty or Managed Floating Exchange Rate System) という。我が国では変動為替相場制を採用しているが，周知のように円高局面では，日本銀行による大量の円売り・ドル買いの為替介入を行って為替安定に努めている。その意味では，我が国の変動為替相場制度は「ダーティー(マネージド)・フロート制」ということになる。

ちなみに，上述の固定為替相場制での「固定レート」(平価)に対して，変動為替相場制での為替レートのことを，通称「市場レート」とも呼ぶ。

第1節　国際通貨制度とその変遷

本節では，国際通貨制度の成立背景とその変遷について考察する。

1　国際通貨

世界には多くの通貨があり，国家などによって価値を保証されて流通している。これらの多くの通貨の基準になるものが「基軸通貨」(国際通貨：Key Currency) であり，各国間での輸出・輸入などの貿易決済や金融取引の決済手段として流通している。

国際通貨とは，国際間の(1)決済手段，(2)計算単位(価値尺度)，(3)中央銀行の準備資産(価値貯蔵：富の貯蔵)として使われる通貨のことである。このような世界で通用する「国際通貨」(基軸通貨)としては，金との交換を前提とした1816年のイギリス貨幣法の制定による金本位制の確立によって流通したイギリス通貨「ポンド：£」がある。また，第二次世界大戦以後の基軸通貨であるアメリカの通貨「ドル：$」がある。いずれも国家の経済力や成熟した金融市場の存在が前提条件で，国際的に最も信頼されている国の通貨が国際通貨として通用してきた。

国際通貨制度の役割は，この国際通貨(基軸通貨)を使った国際取引の決済システムの整備，国際収支の調整，為替レートの安定化を図ることなどである。

第Ⅱ部　国際マクロ経済学

2　金本位制度

　一国の通貨の仕組みを示す制度が通貨制度である。その基本をなすのが，その国の通貨の基礎となる「本位通貨」（基本通貨）である。その最も代表的なものは「金本位制度」（Gold Standard System）であり，1816年にイギリスで初めて採用され[1]，19世紀後半以降，世界の主要国で採用された。国際収支の決済はイギリスのポンドで行われ，英ポンドが「基軸通貨」（国際通貨：Key Currency）となった。我が国では，1897年（明治30年）に貨幣法が制定されて金本位制度が導入された。

　金本位制度は，政府（中央銀行）がその国の通貨を一定の定められた比率での金との交換（これを，兌換という）を保証し，金と通貨の交換比率（これを金平価：Gold Par）[2]という）を決めて，金との交換を保証した紙幣すなわち「兌換紙幣」を発行するものである。金との交換を背景に通貨が発行されることになる。したがって，当該国の政府の金保有量の範囲内で通貨が発行される。

　このように，金本位制度の下ではイギリス政府が保証する金の保有量によってイギリス通貨英ポンド（£）の発行量が決められていた。すなわち，イギリス政府が発行する通貨量はイギリスの金の保有量によって制約される。世界の各国が，それぞれの通貨を「金」と交換できるようにすることで，各国通貨の同一価値を維持できるわけである。したがって，金本位制度は，"間接的に金価格にリンクされた形での固定為替相場制度"ということができる。戦後の国際通貨制度としてスタートしたアメリカ通貨ドル（$）を基軸とする「金・ドル本位制度」は，まさしく金本位制度であり，固定相場制度でもあった。

　第二次世界大戦後のIMF体制（所謂，ブレトンウッズ体制）の下では，その経済力・軍事力を背景に世界一の金保有国であるアメリカの通貨米ドルと金との交換を基軸とした「金・ドル本位制」を中心に国際通貨制度がスタートしている。このときの法定平価は1オンス＝35ドルであり，この金とドルとの交換比率にリンクする形で世界各国の通貨が米国通貨ドルに一定比率で固定されてきた。ちなみに，我が国では1973年まで1ドル＝360円という固定レートで固

定為替相場制度が維持されてきた.

<金本位制度のメリットとデメリット>

　金本位制度のメリットは，各国の国際収支を自動的に均衡させるという「世界経済の安定化機能」を持っていることである。一方で金保有が経済拡大の制約条件となって，経済の成長・発展を阻害するという意味で国内経済が犠牲になるというデメリットがある。

(1)　国際収支の自動調整機能 —世界経済の安定化機能—

　まず国際収支の自動調整機能であるが，為替レートがある一定の水準から乖離すれば，金の国外への流出，あるいは国内への流入が起こり，国際収支が均衡化されるというものである。

　例えば，かつてのアメリカの「金・ドル本位制度」を例に説明すれば，アメリカの金平価が金1オンス=35ドルとし，一方で日本の金平価を金1オンス=12,600円とすれば，為替レートは1ドル=360円に固定される。為替レートがある一定の水準から乖離すれば，金の国外への流出，あるいは国内への流入が起こり，国際収支が均衡化される。

　ここで，具体的事例を挙げて，国際収支の自動調整機能を説明すれば，以下のようになる。

　まず，1ドル当たりの金の輸送費が5円かかるものとすれば，為替レートの一定水準（固定レート）は〔1ドル=360円±5円〕となる。このとき，我が国の輸入が増加して国際収支が赤字になった場合，実際の為替（円）レートが下落（円安）し，金平価（1ドル=360円）に輸送費5円を加えた水準1ドル=365円（固定レート）以上になったとしよう。この場合，代金の決済（支払い）は，同じ1ドルの支払いなら円で支払うより金で支払った方が得することになる。この場合，金が流出することになる。

　金本位制を前提としているので，当該国の通貨（円）は金と交換されるので，国際収支が赤字化し，国外への金の流出量が増加すれば，通貨（円）が金と交

換されて国内での通貨の流通量が減少し，国内金利が上昇して投資等が減少し国内景気を冷やす。国内の景気低迷は国内物価の下落要因となり，物価の下落は輸出品の価格を下落させ，輸出を増加させる。同時に，国内景気の低迷は輸入を減らし，国際収支の赤字を縮小させ国際収支を自動的に均衡化させよう。

逆に，我が国の輸出が増加して国際収支が黒字になった場合，国際収支の赤字の場合とは逆のプロセスを経て，金が流入することになる。金本位制を前提としているので，金は当該国の通貨（円）と交換できるので，国際収支が黒字になり，国内への金の流入量が増加すれば，金が通貨（円）と交換されて国内での通貨の流通量が拡大し，国内金利が低下して投資などが拡大し国内景気を刺激する。国内景気の拡大は国内物価の上昇圧力となり，国内物価の上昇は輸出品の価格を上昇させ，輸出を減少させよう。同時に，国内景気の拡大は輸入を増やし，国際収支の黒字を縮小させ国際収支を自動的に均衡化させる。

(2) 金本位制度の限界

このように金本位制の下では，常に国際収支を均衡化させ世界経済の安定化へ寄与するものと考えられるが，反面，通貨の発行—通貨供給—は金保有量の範囲内に制限されるため，国家の金保有が通貨発行の制約となって，さらなる経済成長・発展を阻害するデメリットも内包している。

金本位制度は，第一次世界大戦後の一部地域への金の集中，世界経済や貿易の拡大による金の不足，および1930年代の世界大恐慌をきっかけとして崩壊した。第二次世界大戦の終結の前年の1944年に，アメリカのニューハンプシャー州のブレトンウッズに連合国側の代表が集まって戦後の新しい国際通貨制度を協議した。これが「ブレトンウッズ体制」である。そして，1973年の米大統領ニクソンによる金・ドル交換停止の声明（ニクソン・ショック）によりブレトンウッズ体制は事実上崩壊し，現在の管理通貨制度へと移行することになる。

3　管理通貨制度

現代の通貨制度は「管理通貨体制」（Managed Currency System）と言われる

通貨制度である。

　管理通貨制度とは，金の保有量とは関係なく自由に通貨を発行できる制度で，通貨の発行量は通貨当局（中央銀行）によって管理される。したがって，この制度の下では，経済状況に応じて政策的に通貨が発行され，マクロ経済政策を通して経済の安定化や景気の調整を行うことが可能となる。

＜管理通貨制度＞

　管理通貨制度は，1930年代の世界大恐慌をきっかけに，世界各国で採用された。世界大恐慌の中で，主要先進国は金本位制から離脱し，独自の通貨圏を形成するブロック経済が形成され，世界貿易は縮小化の道へと進んだ。このような状況下，各国は，不況克服のために通貨増発によって国内需要を拡大する政策を行った。金本位制からの離脱と管理通貨制度の採用は，景気調整のためには，政府が通貨供給量（マネー・サプライ）を管理していくことの重要性を認識したことによる。1936年に刊行されたケインズ（J. M. Keynes）の『一般理論』[3]で提唱された「有効需要の原理」は，総需要管理による景気対策を提案するものであり，このケインズ政策を実践するために必要となる通貨制度が管理通貨制度でもあった。

4　戦後の国際通貨制度 —ブレトンウッズ体制—

　第2項で検討してきたように，金本位制を採用すれば，常に国際収支を均衡化させ世界経済の安定化へ寄与するが，反面，通貨の発行が金保有量以内に制限されるため，国家の経済成長を阻害し世界経済の発展の足かせになる。また，世界恐慌時に見られたように，自国の権益を護るために通貨切り下げ競争を行い，排他的な経済圏（ブロック経済）を形成し，結果的に第二次世界大戦を引き起こして金本位制度は事実上破綻していく。

　このような反省の上に立って，第二次世界大戦の終結直前に各国政府の代表がアメリカのブレトンウッズに集まってこのような惨事を引き起こさない通貨システムとして，戦後の新しい国際通貨体制が協議されて1944年に「新たな国

第Ⅱ部　国際マクロ経済学

際通貨制度」(ブレトンウッズ協定)[4]が締結された。

《新たな国際通貨制度の基本的枠組》

　まず，第二次世界大戦後の国際通貨制度の基本的枠組は，「国際通貨基金」(ＩＭＦ)[5]の下での固定為替相場制の採用で始まった。具体的には，各国間の為替レートの安定化を目的に，ドルと金の交換を金１オンス（約31.1035グラム）＝35ドルという比率で金にその価値を固定し，ドルと金との交換が可能とされる「金・ドル本位制」がスタートした。これ以降，"世界通貨の基準"（基軸通貨）としてアメリカの通貨ドル（＄）が「国際通貨」として使われることになる。

　このような米国通貨ドルを基軸通貨として，「金１オンス＝35ドル」での交換を保証し，その他の国の通貨を一定の交換比率でドルに固定する（連結させる），米国通貨ドルを基軸とする「固定為替相場制」が，戦後の新たな国際通貨制度の基本的枠組となった。これが|ブレトンウッズ体制|（ＩＭＦ体制）であり，わが国日本は1949年から１ドル＝360円という固定レートでスタートした。

　この「金・ドル本位制」を"基軸"とした固定レート制は，国際収支の調整は，為替レートではなくマクロ経済政策，すなわち財政・金融政策によって行われる。国際収支が黒字であれば'緩和政策'を実施して輸入を拡大し，また赤字であれば'引締め政策'によって輸入を抑制するという手法である。ちなみに，仮に各国の「基礎的条件」（ファンダメンタルズ：fundamentals）が変化した場合[6]，為替レートを固定することが困難となる。この場合，ＩＭＦ体制では，必要に応じて為替レートを調整することができる「変更可能な釘付け制度」（アジャスタブル・ペッグ制度：Adjustable Peg System）が採用された。

　このように，戦後の国際通貨制度は，ブレトンウッズ体制（ＩＭＦ体制）の下で，事実上固定相場制度が採用された。この制度の下で，1950年代から60年代までの安定的な国際取引が可能になり，戦後の国際経済の発展が実現することになる。

第9章　国際通貨制度

《IMF体制の崩壊》

　"金とドルとの交換可能性"と"固定為替相場制"を柱とする「ブレトンウッズ体制」は，アメリカへの国際的な信任とその指導力に支えられたものである。

　ところが，我が国やドイツの復興とともに，1960年代の後半から各国の国際収支の不均衡が激しくなり，また，ベトナム戦争の財政負担もあってアメリカは慢性的な国際収支の赤字を抱え，金やドルの流出による米国ドルの信認低下が顕在化してし"ドル危機"を招くことになる。

<ニクソン・ショック>

　アメリカの対外軍事支出の増大や経済援助，慢性的な赤字財政などにより，アメリカの国際収支は悪化し，ドルに対する信認が低下していった。アメリカの巨額の赤字は，ドルと金との交換を困難にし，ドル通貨への信認低下を誘発した。このような状況下，1971年8月15日，アメリカ大統領ニクソンはドル防衛政策としてドル紙幣と金との交換停止を宣言し（金兌換停止），輸入に対し一律に10％の課徴金を課すことを発表した。これが「ニクソン・ショック」（ドル・ショック）といわれるものであるである。これを機に，スミソニアン協定を経て，1973年以降，世界の主要先進諸国は通貨体制を固定相場制度から変動相場制度に移行させた。これにより，事実上「ブレトンウッズ」（IMF）体制は崩壊することになる。

第2節　変動為替相場制度と固定為替相場制度

　戦後の固定為替相場制（ブレトンウッズ体制）は，1973年に主要先進国が変動為替相場制へ移行することによって事実上崩壊した[7]。我が国でも，変動為替相場制が採用されたのは1973年以降であり，それまでは固定為替相場制が採用されていた。

　現在の世界の主要先進国のほとんどは変動相場制度を採用しているが，新興

経済国や発展途上国の多くは，固定相場制度を採用している。基本的には，為替レートの市場調整力の観点から見る限り，変動相場制度の方が優れたシステムであるという共通認識があるものの，近年の金融の発達と金融自由化の進展の状況下では，為替投機による為替レートの変動（乱高下）を回避するために，固定相場制度への回帰を唱える動きも顕在化しつつある。

本節では，変動為替相場制度と固定為替相場制度の特徴を比較検討して，両制度の長所（メリット）と短所（デメリット）について考察する。

1 変動為替相場制度

変動為替相場制度（Floating Exchange Rate System：通称，フロート制度）は，通貨の交換比率（為替レート）の決定を外国為替市場の需要と供給の決定に委ねる制度である。この場合，為替レートの決定は市場調整に委ねられる。

この場合，政府や中央銀行が外国為替市場に介入することがなく，純粋に市場の需給関係に為替レートの決定を委ねる変動為替相場制を「清潔な変動相場制度」（クリーン・フロート制度：Clean Floating Exchange Rate System）という[8]。しかし，このような制度は現実的ではなく実際には政府や中央銀行が市場の状況を見ながら何らかの形で市場に介入し，為替レートの安定化に努めるのが普通である。このような政府や中央銀行が介入する変動為替相場制を「管理された変動相場制度」（ダーティー・フロート制度，あるいはマネージド・フロート制度：Dirty or Managed Floating Exchange Rate System）制という。現在，我が国では変動為替相場制度を採用しているが，周知のように円高局面では，日本銀行による大量の円売り・ドル買いの為替介入を行って為替安定に努めている。その意味では，わが国の変動為替相場制度は「ダーティー（マネージド）・フロート」制ということになる。

変動相場制度のメリットは，国際収支の不均衡，金利の変動，景気変動等々を外国為替レートの変動によって調整していくことにある。特に，海外の経済変動（インフレやデフレ）を為替変動を通じて緩和していく機能をもっている。

2　固定為替相場制度

これに対して，固定為替相場制度（Fixed Exchange Rate System）は外国為替レートをある一定の水準に固定していく制度である。具体的には，外国為替市場での為替レートの変動を通貨当局（中央銀行）が為替介入（exchange intervention）によって一定の固定レート（これを，「平価」(parity) という）へ誘導していく通貨制度である。この場合，中央銀行はその国の為替レートを固定するために，仮に為替市場での自国通貨の"超過供給"や"超過需要"があれば，この超過部分を吸収するために市場介入して解消していかなければならない。

例えば，外国為替市場で自国通貨（円）への需要（買い注文）が高まり円通貨への「超過需要」が発生した場合，放置していたら自国通貨高（円高）になるから，自国通貨の価値上昇（円高）を防ぐために，中央銀行は自国通貨の需要超過分だけ自国通貨を売り続ける必要がある——自国通貨売り（円売り）＝外国通貨買い（ドル買い）——。これとは逆に，自国通貨（円）の供給（売り）が増加し円通貨の「超過供給」が発生した場合，自国通貨の価値下落（円安）を防ぐために，中央銀行は円の超過供給分だけ自国通貨を買い続ける必要がある——自国通貨買い（円買い）＝外国通貨売り（ドル売り）——。

このように，固定為替相場制度の下では，中央銀行は，自国の通貨価値をあらかじめ定められた固定レート（平価）に固定していくために，常に為替市況に応じて外国通貨（ドル）を売買していかなければならない。

固定為替相場制度の下では，為替レートを一定に維持していくために，金融政策や財政政策を実施する必要が生じる。これによって，国内での経済政策の自由な実施が制約を受けるというデメリットを伴うことになる。

ちなみに，前述のように，仮に慢性的な経常収支の赤字が続いて当該国の「基礎的条件」（所謂，ファンダメンタルズ）に変化が生じた場合，為替レートを固定することが困難となる。この場合，ＩＭＦ体制では，必要に応じて為替レートを調整することができる「変更可能な釘付け制度」（アジャスタブル・ペッグ制度：adjustable peg system）が採用されている。この場合，当該国の為替レー

トを引き下げる（通貨の対外価値の引き下げ）ことを「平価切り下げ」(devaluation) といい，逆に為替レートを引き上げる（通貨の対外価値の引き上げ）ことを「平価切り上げ」(revaluation) という。

3 変動相場制度と固定相場制度の長所と短所

現在では，世界のほとんどの主要先進諸国で変動相場制度が採用されている。しかし，変動相場制度が有する短所（欠陥）も指摘されており，固定相場制度への回帰を望む議論も存在している。最適な国際通貨制度として変動相場制度が良いのか議論されているのが現実である。現在，ＥＵ諸国内で採用されている統一通貨ユーロ圏では，圏内では事実上の固定相場制度の導入である。R. マンデルが唱えた「最適通貨圏」(optimum currency areas) で指摘されているように，統一通貨を導入すると為替リスクの問題はなくなるが，一方で通貨導入国の通貨主権が失われて，各国独自の為替政策や金融政策を行うことができなくなるという問題も指摘されている。

最適な国際通貨制度としては，将来的には"世界通貨"[9]の導入が理想的であるが，2009年に表面化したギリシャの財政危機の問題からも見て取れるように，解決すべき問題が山積しているのが現状である。

本項では，変動相場場制度と固定相場制度の長所と短所についての論点を整理しておく。

(1) 変動為替相場制度の長所

A 国際収支の不均衡の自動的調整機能

為替レートの変動によって，国家の国際収支のバランスをとる自動調整機能を持つ。これが「国際収支調整機能」である。

例えば，経常黒字国（日本）は，その輸出力の強さで自国通貨（例えば，円）の価値が高くなり（為替レートの上昇：円高），自国通貨の価値上昇は輸出抑制的に作用し，自動的に経常黒字削減の調整機能をもっている。これとは逆に，経常赤字国（米国）は，輸入超過により自国通貨（ドル）の価値が低下し（為替

レートの下落：ドル安），自国通貨の価値低下は輸入抑制・輸出促進的に作用し，経常赤字の削減機能を自動的に果たすことになる。

　例えば，為替レートが1ドル＝100円から1ドル＝80円へと円高になると，輸入品（米国製自動車：1台1万ドル＝100万円）の価格が下がり（同1台1万ドル＝80万円），輸入は増加する。これにより，国内での物価は安定あるいは下落の方向へ向かう可能性がある。これとは反対に，円高はドル安であるから，外国では日本からの輸出品（ビデオカメラ：1台5万円＝500ドル）の価格が上がり（同1台5万円＝625ドル），輸出は不利となる。結果的に，円高は経常収支の黒字を低下させることになる。

　逆に，円安の場合（1ドル＝120円），輸入品の価格が高くなり（米国製自動車：1台1万ドル＝120万円），輸入は減少する。これは，日本国内に対して物価の上昇圧力要因になる。輸入価格が上昇し，輸入が減少し，輸出は増加する。結果的に，円安は経常収支の黒字化を促進させることになる。これに対して，円安はドル高であるから，外国では日本からの輸出品（ビデオカメラ：1台5万円＝500ドル）に対するドル支払いが少なくなり，例えば，輸出品の価格が下がり（日本製品の価格が安くなる：同1台5万円＝417ドル），輸出は有利となる。結果的に，円安は経常収支の黒字を増加させることになる。

　このように，変動為替相場制度は，外国為替レートの変動を通じて国際間の経済不均衡（経常収支の黒字や赤字）の調整を自動的に行う機能を持っている。

B　対外的な経済ショックの隔離効果

　変動相場制度は，為替レートが変動することによって海外の景気変動（好況，不況）が国内経済へ波及（伝播）することを防止するという「海外ショックの隔離効果」をもっている。

　例えば，変動相場制度の下では，貿易相手国（アメリカ）が好景気の場合，当該国（日本）の輸出が増加して，輸出代金を自国通貨に換えるので当該国の通貨が相手国の通貨に対して高くなり（円高），輸出が抑制され国内の景気拡大を中和させる効果をもつ。仮に，相手国の景気が過熱して物価が上昇しイン

フレーションが起きている場合，自国の通貨高（円高）が進む可能性があり，通貨高が国内での景気の過熱を抑える効果をもつ。

また，相手国（アメリカ）でインフレが起きてその国の商品の価格が上がっても，当該国（日本）の通貨価値の相対的上昇（円高）により，輸入製品の価格が下がることで，インフレの国内への伝播（propagation）を阻止する効果をもっている。これを「変動相場制の景気（インフレ）隔離効果」という。

C　マクロ経済政策の自由度が確保（経済政策の為替レートからの独立性）

為替レートは市場で調整されるから，基本的には，通貨当局は為替レートの決定に関与する必要がない。通貨当局は，国内景気の安定化のために金融政策（マネー・サプライ（貨幣供給量）のコントロール）を実施できる。マクロ経済政策，特に金融政策を為替レートの調整（安定化）のために使う必要がなく，国内景気の調整（経済安定化）のために使うことができる。マクロ経済政策を為替レートから独立して行うことができる。

(2) 変動為替相場制の短所

A　為替レートの不安定化

変動相場制度の下では，為替レートの変動によって，経済が不安定化することがある。特に，国際経済の状況次第では，貿易等の経済取引以外の要因で為替レートが変動しやすく，輸出産業や輸入代替産業の収益に大きな影響が及び，国内経済が不安定化することがある。

実際に，金融の自由化により金融取引が拡大している現代社会では，為替レートを動かしているのは，財サービスの貿易収支や資本収支ではなくて，超短期の投機資金の動き（マネー取引）である。特に，通貨が投機の対象となっている状況下では，為替レートの変動を利用して通貨安の時に買い，通貨高の時に売りさばくという"裁定取引"が日常茶飯事でもある。結果的に，為替レートは正常な経済取引とは無関係に超短期的に変動（乱高下）しているのが実状である。

(3) 固定為替相場制度の長所

A　国際収支の自動的調整機能

　通貨当局（中央銀行）は為替レートを固定する義務があるために，仮に輸出が増加した場合，輸出代金（ドル）が自国通貨（円）と交換されるのでドル売り・円買いが起こり，円需要に対して通貨当局は固定されたレートで円を売り続ける必要がある。これは，政府の外貨準備の増加と自国通貨（円）の市場への供給増加（マネー・サプライ―通貨供給量：money supply―の拡大）を意味している。このような通貨供給量の増加は，自国の景気を拡大させ物価が上昇する可能性がある。物価上昇は輸出価格を上昇させて輸出を抑制し，国際収支を均衡化させる働きをもつ。

B　為替レートの安定と自国産業の育成

　為替レートの変動がないので，貿易などが安定化する。特に，為替レートが低位安定的（自国通貨安）に固定化されている場合，自国産業を保護したり，輸出を拡大させることで，自国の経済成長を牽引することができる。

C　通貨の乱発の防止…経済の安定効果

　仮に，政府が国債を発行し，国債を中央銀行に購入させて，財政支出や減税の資金にしたとしても，固定相場制度を前提とする限り，通貨当局による通貨の発行量は外貨の量にしばられるから，通貨の増発はできない。結果的に，政府による安易な通貨発行を抑止して，物価上昇（インフレ）を未然に防ぐ効果がある。

(4) 固定為替相場制の短所

　固定相場制度の基本的問題点は，何らかの理由で国内景気が悪化した場合，景気回復のために金融緩和を実施することが制限される。なぜならば，金融緩和のためにマネー・サプライ（貨幣供給量）を増加させようとしても，為替レートの固定化が優先されるために，金融緩和政策を犠牲にする必要がある。固定

相場制度の下では，中央銀行は自由に金融政策を実施できなくなってしまう。

以下，固定相場制度が内包している諸問題（短所）について検討していく。

A 金融政策の自由度の制約

固定相場制度を前提とする限り，通貨当局（中央銀行）は為替レートの固定化ために，国内景気を安定化させるための独自の金融政策を行うことができない。

前記のように，変動為替相場制では外国為替レートは市場での通貨に対する需要と供給関係で決定される。しかし，固定為替相場制では，為替レートは通貨当局（中央銀行）が通貨を売買することで一定水準（これを「平価」という）に維持されている。

例えば，何らかの理由で外貨（ドル）への需要圧力が強いときには，手持ちの外貨（ドル）を売り（放出）続けなければならない。逆に，自国通貨（円）への需要圧力が強いときには，円を売り（供給）続けなければならない。前者（ドル売り・円買い）の場合には，自国通貨（円）が中央銀行へ吸引され，逆に後者（円売り・ドル買い）の場合には，自国通貨（円）が市場に放出されることになる。この場合，中央銀行（通貨当局）は国内の経済安定化のために通貨流通量（マネー・サプライ）を適切にコントロールして，経済の舵取り（景気調整）を自由に行うことができなくなる。すなわち，固定為替相場制度下では金融政策の自由度が制約されることになる。

B 国際的な貿易環境の変化に対応できない

変動為替相場制では，海外の景気状況に応じて自国通貨の為替レートが変動し，それに応じて「交易条件」（terms of trade）[10]が変化し，経常収支が調整される。例えば，自国より海外のある国の経済状況が良いと，その国への投資（実物投資）が増え，あるいは株式や債券投資が増え，相手国の通貨が高くなり，自国通貨が安くなる。自国通貨安は逆に相手国に対する交易条件が改善され，輸出が伸びることになる。

これに対して，固定為替相場制では，自国通貨の為替レートが固定されているので国際的な貿易環境の変化に対応できない。このことが逆に，過剰な為替投機を誘発させその国の経済危機を呼び込む危険性を内包している。例えば，1997年のアジア通貨危機は，タイから始まりインドネシアや韓国などに波及したが，これらの国は，ドルにリンクする固定相場制度（ドル・ペッグ制）を採用していた。同年の7月，タイは変動相場制度へと移行している。

C 固定相場制の景気仲介効果

既述のように，変動為替相場制では，貿易相手国が物価上昇（インフレーション）に見舞われた場合，相手国の通貨価値が低下するから，相手国の為替レートも自動的に下落していく。反対に，自国の通貨価値は上昇し通貨高になり，輸出に抑制的に働き，変動為替相場制は海外での物価変動の影響を遮断する役割をもっている。これを「インフレ隔離効果」と呼んだ。

これに対して，固定為替相場制では，海外での物価変動（インフレーション）まで輸入してしまう。すなわち，固定相場制度の下では，貿易相手国が好景気でインフレ傾向の場合，相手国への輸出が増大して輸出代金の当該国通貨との交換圧力が強まり，外貨売り・邦貨買いが起こる。このとき，通貨当局は，あらかじめ決められた固定レート（平価）で，売られた外貨を無制限に買い続ける義務を負う。この場合，通貨当局は当該国の通貨（邦貨）を無制限に売り続けることになり，国内市場でのマネー・サプライ（通貨供給量：money supply）の供給増加が起こり，国内で物価上昇⇒インフレーションが発生する可能性が出てくる。

このように固定相場制度の下では，海外での物価変動の影響を受けやすく，インフレの国内への伝播（propagation）を仲介する効果を持っている。これを「固定相場制の景気（インフレ）仲介効果」という。

D 為替投機を誘発する危険性

固定相場制度の弱点として，投機筋による為替投機を誘発する危険性を内包

している。

　すなわち，固定相場制度は，通貨当局をして為替レートを一定の水準（平価）に固定する義務を負うので，仮に何らかの理由で旺盛な外貨需要が続いている場合，通貨当局は外貨需要に応じて政府保有の外貨（外貨準備金）を市場に供給し続ける義務を負う。政府保有の外貨には限りがあるので，場合によっては外貨が不足して，当該国の固定レートを切り下げることが予想される。このように将来的に為替レートの切り下げ，換言すれば「平価切り下げ」（devaluation）が予想される場合には，当該国の通貨を売って外貨に換える「為替投機」に拍車がかかる可能性がある。この場合，当該国の手持ち通貨を売って将来割高（通貨高）となるであろう外貨を保有することで，為替利益を獲得することが期待されよう。このような現象を「裁定取引」（arbitrage transaction）という。

　最悪の場合，1997年に発生したアジア通貨危機のように通貨が売り浴びせられて通貨暴落の危険性を伴うわけである。

　以上，固定為替相場制度の下では，為替レートを一定に維持していくために，金融政策や財政政策を実施する必要が生じる。これによって，国内での経済政策の自由な実施が制約を受けるというデメリットを伴うことになる。これに対して変動為替相場制度の下では，通貨当局が為替レートを固定する必要がないから，国内経済の状況に応じて通貨（マネー・サプライ）を自由にコントロールできるわけである。

第3節　国際通貨制度の三位一体説

　本章では，国際通貨制度とその変遷について考察してきた。国際通貨制度において変動相場制度か固定相場制度か，いずれが最適な通貨制度か，この問題は現在時点においても議論が収斂していない，現代の国際通貨制度の最大の課題でもある。

　理想的には，第二次世界大戦後の国際通貨制度の在り方がアメリカのブレト

ンウッズで論じられた際に，イギリス代表として「世界通貨：バンコール（Bancor）」を提案した J. M. ケインズの主張が今日も生きているということである。

　EUで導入された統一通貨ユーロは，"世界通貨"実現のためのモデルケースであったが，独自の金融政策を放棄して「欧州中央銀行」（European Central Bank）に金融政策を委ねざるを得ず，国内の景気安定化の手段として使える政策は財政政策のみである。ユーロ圏への参加の前提条件が「健全財政」（財政赤字GDP比3％以下，債務残高GDP比60％以下）である。ギリシャの財政問題に端を発したユーロ危機は，いまだに国際通貨制度の越えなければならない課題が山積していることの証差でもある。問題は決着がついていないのが現状である。

　結局，次の三つのことを同時に達成することはできないという，所謂「為替レートの三つの矛盾」の存在があるということである。

(1)　為替レートを固定すること（為替レートの安定化）
(2)　資本移動の自由を認めること（資本移動の自由化）
(3)　金融政策を自由に行うこと（金融政策の独立性）

　上の三つのことを同時に達成することはできない，という考え方である。
　仮に，(1)の固定相場制度を採用して為替レートを固定した場合，レートの固定化のために金融政策が用いられて，国内景気の安定化のために(3)の金融政策（マネー・サプライの調整）を自由に実施できない。また，(1)の固定相場制度の採用は，(2)の資本移動の自由を放棄して，自由な貿易や海外投資に制限（規制）を加えておけば，自国通貨の売買をコントロールができて，(3)の国内の景気状況に応じた自由な金融政策を実施できる。結局，(2)の自由な貿易や投資を行いながら(3)の金融政策の自由を確保しようとすれば，(1)の固定相場制度を放棄して変動相場制度を採用する以外に道はないことになる。
　上記の三つのことを同時に実現することができない，という定理が「国際通

貨制度の三位一体説」（為替レートの三つの矛盾）である。

　欧州連合（EU）加盟国で統一通貨ユーロを導入している国々は，ユーロ圏の域内において自由な経済取引（貿易や投資活動）ができることの利便性と経済の安定と効率性の実現による経済成長を目指して，域内での固定相場制度の採用と独自の金融政策の放棄を選択したことになる。ユーロ圏以外の国々とは変動相場制度を適用しているのは言うまでもない。

　結局，為替レートの安定化，自由な資本移動，独立した金融政策の三つは同時に実現することができないというのが，「国際通貨制度の三位一体説」である。

　以上，変動相場制度と固定相場制度について考察してきた。今日，世界の主要先進国のほとんどの国々は（ユーロという統一通貨を導入した欧州連合（EU）諸国以外は），変動相場制を採用している。しかし，変動相場制度を採用している国々でも，既にみた通り，国際資本の動きの事例でわかるように，通貨売買による「投機」(speculation)等による資金の短期的取引による為替レートの乱高下があり，正常な経済取引によって為替レートが決まることはまれである。為替レートは常に短期の投機的資本取引に翻弄されるケースが多い。したがって，変動相場制度を採用していても，場合によっては政府（中央銀行）による市場介入によって為替レートをある水準に維持していくことが必要になってくる。このように，現実には変動相場制を採用していても，その時々の経済状況を見ながら通貨当局（中央銀行）が積極的に市場介入を行って為替レートの安定化を目指している。これを「管理された変動相場制度」(Managed Floating Exchange Rate System) という[11]。

【注】

1）このとき，イギリスで決められた金の価格は，1オンス（約31.1035グラム）＝約3.17ポンドであった。この金価格（金平価）はイギリスが金本位制を廃止する1914年までの約100年間続いた。
2）通常，金と通貨との一定の交換比率のことを「法定平価」(mint par of exchange) という。「平価」(parity) とは，通貨の対外価値を表す基準である。

3）John Maynard Keynes, *The General Theory of Employment, Interest And Money*, Macmillan, 1936（塩野谷祐一訳『雇用・利子および貨幣の一般理論』東洋経済新報社，1983）を参照。
4）第二次世界大戦の終結直前（1944年）に，世界各国の代表がアメリカのブレトンウッズに集まり，各国間の為替レートを安定化させるための協議を行い，新しい通貨体制（固定為替相場制）をスタートさせた。これが「ブレトンウッズ」協定である。
5）ＩＭＦ（International Monetary Fund）は，戦後の国際経済の安定的発展と新しい国際通貨体制構築を目的に1944年7月にアメリカのニューハンプシャー州ブレトンウッズに連合国側44カ国の代表が集まり国際通貨基金（ＩＭＦ）と国際復興開発銀行（ＩＢＲＯ）の設立が協議され，ブレトンウッズ協定が結ばれた。このブレトンウッズ協定に基づき1946年3月に，国際通貨基金（ＩＭＦ）と国際復興開発銀行（ＩＢＲＯ：通称，世界銀行）が正式に発足した。このブレトンウッズ協定に基づく戦後の国際通貨体制を「ブレトンウッズ体制」（通称，ＩＭＦ体制）という。ＩＭＦの本部はアメリカのワシントンにある。2011年時点でのＩＭＦ加盟国は187カ国である。国際連合の専門機関。
6）例えば，慢性的な経常収支の赤字が続くような場合がある。
7）現実には，発展途上国の多くは固定為替相場制を採用し続けており，またヨーロッパ諸国：欧州連合（ＥＵ）は1991年以降，域内の経済統合（Economic-Integration）を実施し，2002年の統一通貨ユーロの流通と同時に為替レートを固定している。
8）中谷巌著『入門マクロ経済学』（第5版）日本評論社，2007年，160頁を参照。
9）第二次世界大戦後の国際通貨制度の在り方がアメリカのブレトンウッズで論じられた際に，イギリス代表として「世界通貨：バンコール（Bancor）」を提案したJ. M. ケインズの主張が今日も生きているということである。
10）交易条件とは，輸出財の価格と輸入財の価格の比のことで，1単位当たり輸出財の価格で何単位の輸入財が購入できるかの比率を表す。

　　　交易条件＝輸出財の価格／輸入材の価格

　交易条件を指数で表せば，交易条件指数が上がれば，1単位の輸出での輸入単位数が増加するので，交易条件が良くなり，逆に交易条件指数が下がれば，1単位の輸出での輸入単位数が減少するので，交易条件が悪くなる。
11）この極端なケースとして，中央銀行が為替レートの変動を管理して一定の範囲内に変動幅を限定している事例として，2005年7月21日に中国の人民元が固定相場制から市場の需給に基づく管理フロート制へと移行した事例がある。ただ，2008年7月のリーマンショックに端を発した世界金融危機を受けて，事実上のドルペッグ制へ回帰した。

第10章　中央銀行の市場介入と政策効果

　前章で検討してきたように，変動相場制度を採用している国であっても，「投機」(speculation) の動きによって為替レートが短期的に変動（乱高下）することがある。急激な為替レート変動による実体経済への影響が著しく大きい場合，通貨当局（中央銀行）は市場介入を行うことで当該国の為替レートを安定化させる。中央銀行による市場介入は，国・地域が単独で実施する場合を「単独介入」，複数の国・地域の通貨当局が相手国・地域と協議して為替介入を行う場合を「協調介入」という。

　本章では，変動為替相場制度を前提にした場合の，通貨当局の為替市場介入について，(1)為替介入の方法（メカニズム）と(2)為替介入の財源，および(3)為替介入による経済波及効果（介入のメリットとデメリット）について考察する。

<外国為替市場と通貨当局の市場介入>

　変動相場制を採用している国々でも「為替レートの短期的変動（乱高下）を防止する」あるいは「自国産業の保護」を目的に，通貨当局（中央銀行）が市場介入（為替介入：exchange intervention）を実施することで，当該国の為替レートの安定化をはかることがある[1]。ただし，自国の都合で頻繁に為替介入を行うと貿易相手国の産業にダメージを与えることになり，国際的な批判を受けることもある[2]。為替介入の目的は，あくまでも自国通貨の短期的変動を是正して為替レートの安定化をはかることにある。

第1節　中央銀行の為替政策

　通貨当局（中央銀行）の為替介入は，為替レート自体に影響を及ぼすだけで

なく，通貨当局の「ベース・マネー」(BM: Base Money)[3]の増減を通じて，市場での通貨の流通量「マネー・サプライ」(MS: Money Supply)を増減させ，さらにマネー・サプライの増減が「市場金利」を変化させ，国内景気に影響を及ぼしていく。したがって，通貨当局の為替介入は金融政策と表裏一体の関係にあり，為替介入は金融政策でもある。

〔変動為替相場制度と為替介入〕

　変動為替相場制度の下では，為替レートは外国為替市場で決まる。しかし，現実の経済は様々な要因によって変動しており，外国為替市場もその影響から免れられない。特に為替レートは，様々な要因によって日々刻々と変動している。

　通貨当局の為替介入は，国内経済の安定化のために適切と考えられる為替水準を維持するために外国為替市場への介入が行われる。例えば，国際的投機により円が売り浴びせられた場合には，我が国の通貨当局（日本銀行）は為替の安定化のために外貨（ドル）売り・円買いの市場介入を行う。このように，市場介入は急激な為替変動の際に為替レートを安定化させるために市場で外貨（ドル）を売ったり買ったりすることで，当該国の為替レート（円・ドルレート）を政府が目標とする為替水準へ誘導することを目的としている。

1　市場介入の方法とその財源

　我が国の場合，市場への介入は政府が決定し，財務大臣の指示に基づいて日本銀行が為替介入の実務を行う。

　例えば，円高傾向の場合には，ドル通貨（外貨）を買い，円通貨（邦貨）を売ることで，ドルの価値を上昇させ，逆に円の価値を下げるように誘導していく。いわゆる，「ドル（外貨）高・円（邦貨）安誘導政策」である。これとは反対に，円安傾向の場合には，円（邦貨）を買い，ドル（外貨）を売ることで円（邦貨）の価値を上げ，ドル（外貨）の価値を下げるように誘導していく。いわゆる，「円（邦貨）高・ドル（外貨）安誘導政策」である。

この場合，通貨当局の為替介入は，当該国が所有している「外貨準備高」(foreign currency reserve)[4]を増減させる。また，国内で流通しているマネー・サプライ（貨幣供給量）に影響を及ぼして，国内経済に大きな影響を与えることがある。

(1) ドル買い・円売り市場介入

通常，為替レートの変動は国内経済に様々な影響を与える。例えば，外国為替市場で為替レートが急激な円高に見舞われている場合，日本の輸出企業の海外での製品価格は高くならざるを得ず，日本企業の国際競争力は低下する。あるいは，円高は海外からの輸入代金が安くなるので外国からの輸入が増えて国内市場で海外商品が増えると共に，国内での競合産業に大きなダメージを与える可能性もある。また，円高のさらなる進行が国内景気を悪化させ，物価下落を引き起こしてデフレーションが発生する可能性もある。

A　市場介入の方法とその財源

この場合，政府・中央銀行は景気安定化のために，ドル買い・円売りの市場介入を行うことがある。前述のように，円高傾向の場合にはドル買い・円売り介入でドルの価値を高め，円の価値を下げるように誘導していく（ドル高・円安誘導の市場介入）。具体的な市場介入方法として，中央銀行（我が国の場合，日本銀行）は市中銀行（民間銀行）が保有している（売ろうとしている）ドルを買い上げ，その代わりに，ドル買いの代金として邦貨（円通貨）が中央銀行から市中銀行へ渡されることになる（市中銀行の日銀口座への円通貨の振り込みが行われる）。

このようにして，中央銀行（日銀）から市中銀行へと通貨（円）が供給される。この場合の中央銀行から市中銀行へ振り込まれる通貨を「ベース・マネー」(Base Money) あるいは「ハイパワード・マネー」(High-Powered Money：高出力貨幣) という。このような市場介入（ドル買い・円売り）により，政府には外貨（ドル通貨）が流入し，市中銀行には円通貨が供給されることになる。この

場合，市中銀行は供給された円資金を貸し出す必要が出てくる。市中銀行から民間企業や個人へ貸し出されて市中で流通している通貨を「マネー・サプライ」（通貨供給量：money supply）という。また，政府が保有している外貨のことを「外貨準備高」（foreign currency reserve）という。

このような政府保有の外貨（外貨準備高）は，ドル預金や米国債の購入など外貨（ドル）建て資産の購入という形で資産運用される。ただし，円高が進めば，相対的に海外保有の外貨（ドル）建て資産（預金や債券など）の価値が減価して「為替評価損」（為替差損）が発生するリスクがある。

B 市場介入資金とその経済効果

我が国では，外貨（ドル通貨）買い介入の場合は，財務省が「政府短期証券」（FB：Financial Bill）の一種である"外国為替資金証券（為券）"を発行して外貨の購入資金（円資金）を調達する。「政府短期証券」（FB）つまり外国為替資金証券（為券）は，公募入札方式により市場で販売され—民間金融機関（銀行，証券会社）が購入—，売れ残った場合は日銀が引受ける。

このように，政府短期証券（FB）が市場において公募入札方式で販売される場合には，市場で流通している円通貨が一時的に政府へ還流してマネー・サプライ（通貨供給量）が減少するが，ドル買い・円売りの市場介入の際に，ドル買いに応じた額の円資金が市場に放出されるので，国内の円通貨の流通量（マネー・サプライ）には変化はない。

したがって，公募入札方式による市場介入の場合は，貨幣市場に対して「中立的」（neutrality）となり国内経済になんらの影響も与えない。これが，所謂「不胎化介入」（sterilized intervention）政策と言われるものである。これに対して，政府短期証券（FB）の日銀引き受けの場合には，「ベース・マネー」（Base Money）の拡大を通じて，国内の金融市場で円通貨の流通量（マネー・サプライ）が増大し市場金利が低下していく。市場金利の低下は，投資や消費等の国内需要を増大させ，国内総生産（GDP）や国民所得が拡大して国内景気を刺激する。この場合，国内景気のさらなる拡大は，物価上昇を誘引して「イ

ンフレーション」(inflation) を引き起こす危険性もある。

(2) ドル売り・円買い市場介入

前項では,通貨当局による「ドル買い・円売り」の市場介入をみてきたが,ここでは「ドル売り・円買い」の市場介について考察する。

例えば,日本経済の将来が不透明で円売りが加速している状況を想定してみよう。この場合,外国為替市場では急激な円売りが進行し,円レートの急落(円暴落)が起こる可能性もある。通貨売り⇒円安が急速に進行すると,海外からの輸入商品の価格が上昇して輸入産業を中心に大きな打撃を受ける可能性がある。さらに円安の進行が続けば,輸入価格の上昇が国内物価に波及して,「輸入インフレ」が発生する可能性もある。

A 市場介入の方法とその財源

円安による輸入価格の上昇が国内経済へ波及して,インフレの恐れが出てきた場合には,中央銀行は事前にインフレ阻止のためのドル売り・円買いの市場介入を実施する。いわゆる,「円高・ドル安誘導」政策である。この場合,政府が保有している外貨(ドル)が中央銀行を通じて売られるので,政府保有の「外貨準備金」が減少する。通常,政府の外貨準備金は,外貨預金や債券(米国債など)等の形で外貨(ドル)建てで資産運用されているので,外貨預金の引き出しや債券(米国債など)の売却によって外貨(ドル)が調達される。

また,円買いの市場介入によって獲得した円通貨は,通常「政府短期証券」(FB) つまり外国為替資金証券(為券)の償還の原資となる。

B 市場介入資金とその経済効果

このように,円買い・ドル売りの市場介入により,円通貨が市中(金融市場)から政府(中央銀行)に還流するので—中央銀行に開設している金融機関の当座預金口座の預金金額の減少(換言すれば,「ベース・マネー」の減少)—,市中で流通している円通貨(マネー・サプライ:通貨供給量)が減少する。所謂,実

体経済において,「通貨縮小」(通貨収縮) が起きる。

　実体経済における「通貨縮小」(マネー・サプライの減少) は,金融市場において金利を上昇させ,金利上昇は投資抑制と消費低下に波及して総需要の低下につながり,総需要の低下は国内総生産 (GDP) や国民所得の低下・・・略・・・というプロセスを通じて国内の経済活動を停滞させる。国内経済活動の停滞は,場合によっては物価下落を引き起こしてデフレーション (deflation) が発生するという可能性も考えられる。

2　市場介入資金の管理

　外国為替市場への介入に関わる意思決定は,政府・財務省がその責任と権限の下で実施している。また,市場介入資金の管理は,財務大臣所管の「外国為替資金特別会計」(通称,外為特会) で行っている。

　我が国では,前項でみたように,外貨 (ドル通貨) 買いの場合は,外貨の購入資金 (円通貨) を財務省が「政府短期証券」(FB：Financial Bill) を発行して調達している。通常,政府短期証券 (FB) は,「公募入札」方式で市場で販売され,仮に売れ残った場合は日銀が引受ける。また,外国為替資金特別会計 (外為特会) のバランスシート (貸借対照表) 勘定は,「資産の部」の主要項目として,①外貨建ての現金,預金,②有価証券,③財投預託金等から成っており,「負債の部」の主な項目として,①円貨建ての政府短期証券 (FB) 発行残高,②積立金からなっている。

　我が国の場合,円高是正のための市場介入が多いので,円売り・外貨 (ドル) 買いの市場介入の際に,政府短期証券 (FB) の発行により円貨を調達して,この円資金を外国為替市場で売って外貨 (主にドル) を購入している。そして,この外貨で米国債やドル預金,あるいはユーロで資産運用を行っている。

　このように外国為替資金特別会計 (外為特会) では,外貨建てによる資産運用を行っているので,為替レートの変動により為替リスク (為替差損) や為替差益が生じることになる。

第2節　中央銀行の市場介入と経済波及効果

　前節で検討してきたように，政府・日本銀行による市場介入は中央銀行（日本銀行）である通貨当局が発行する円通貨（ベース・マネー（BM：Base Money），あるいはハイパワード・マネー（HPM：High-Powered Money）を増減させ，国内貨幣市場で流通している「マネー・サプライ」（通貨供給量MS：Money Supply）に影響を及ぼす。換言すれば，政府・日銀による市場介入は，外国為替市場での為替（円・ドル）レートに影響を及ぼすだけでなく，貨幣市場で流通するマネー・サプライ（通貨供給量）を変化させることで，間接的に国内経済に大きな影響を与える効果をもっている。

　このように，政府による市場介入は外貨（ドル通貨）と邦貨（円通貨）の売買と裏腹に当該国の「ベース・マネー」（BM）を売買することでもあるので，通貨当局と市中銀行との間で"流出入"する「円通貨」つまりBM（ベース・マネー）の増減を通じて，市中のマネー・サプライ（通貨供給量）に影響を及ぼし，さらに市中銀行の「信用創造」機能を通じて，BMの何倍もの大きさの通貨が増幅的に拡大（あるいは，縮小）していく。結果的に，BMの増減が国内の金融市場に大きな影響を及ぼし，さらに国内の実体経済へ与える影響も大きくなる。

　本節では，中央銀行（通貨当局）の外国為替市場への市場介入（為替介入）が国内経済へ与える影響を考察する。また，通貨当局の市場介入の影響を「中和」（コントロール）させる政策についても検討していく。

<不胎化介入と非不胎化介入政策>

　前節で考察したように，通貨当局による為替市場介入は，通貨当局の「ベース・マネー」（BM）を増減させ，ベース・マネーの増減が市場での通貨の流通量（マネー・サプライ：MS）を増減させ，さらにMSの増減が「市場金利」を変化させ，国内景気に影響を与える。

第Ⅱ部　国際マクロ経済学

1　不胎化介入政策

通貨当局による市場介入により，金融市場や国内経済に影響が出てくると通貨当局の本来の役割である"物価の安定"や"景気調整機能"に支障をきたすこともある。この場合，通貨当局は市場介入が金融市場に与える影響を「中和」(neutrality) させる必要があり，市場介入の影響を政策的に"相殺"―中和―させることがある。このような金融市場へ与える影響を，通貨当局の市場介入によって中和させる政策を「不胎化介入」(sterilized intervention) 政策と呼ぶ。

(1)　ドル買い介入のケース

まず，ドル買い介入のケースであるが，何らかの理由でドル買い（円売り）の市場介入が行われた場合，それに応じて円通貨が市中に供給され国内のマネー・サプライ（通貨供給量）が増大し，金融市場が緩和された状況になる。この場合，市場で出回るマネー・サプライの増加は，市場金利を低下させて国内の景気を刺激し，ひいては国内物価を上昇させてインフレーション (inflation) を引き起こすことも考えられる。

〔通貨当局の対処法（為替政策）〕

この場合，政府・日銀は，ドル買い（円売り）介入によって市場に供給された円通貨（ベース・マネー）を，「公開市場操作政策」（売りオペレーション：手形や国債などの売却）を実施することで，再度回収して金融市場を元の状態に戻す。

このように，政府・日銀が市中銀行に対して日銀保有の手形や債券を売却することで，市場介入によって金融市場に流入したマネーを回収し，市中銀行の（民間へ貸し出し可能な）保有資金を減らしていくことで，マネー・サプライの増大⇒物価上昇⇒インフレの発生という最悪の事態を事前に回避させる日銀の政策（インフレ発生の芽を事前に摘む：胎化させない―中和させる―）が「不胎化政策」(sterilized policy) といわれるものである。

A　市場メカニズムを通じた自動調整機能

ただし，我が国では，1999年以降，市場介入が金融市場やマクロ経済に影響を与えないような「仕組み」(自動調整機能) が導入されるようになった。

すなわち，市場介入の際の介入資金（円）を，「政府短期証券」(ＦＢ) を発行し一般公募方式で市場において販売して調達している。したがって，ＦＢの市場消化によって市場介入のための円資金が政府（日銀）に一時的に回収（吸引）されるが，この回収された資金が市場介入時に市場へ戻されるという「仕掛け」(システム) が導入された。市場介入が，国内の金融市場やマクロ経済へ影響しない，所謂"自動調整"型—中立型—の不胎化介入政策ともいえる。この場合，通貨当局による市場介入は，為替レートにのみ影響を及ぼし，国内経済に影響することはない。

B　中央銀行引き受けの場合

ただし，この「政府短期証券」(ＦＢ) を全て中央銀行（日本銀行）が引き受けた場合，新規発行通貨の増発になり，市場で流通するマネー・サプライ（通貨供給量）が増殖していき，市場介入は為替レートのみならず国内の金融市場および実体経済に影響を及ぼすことになる。

(2)　ドル売り介入のケース

次に，ドル売り介入のケースとして，何らかの理由でドル売り（円買い）の市場介入が行われた場合，市場介入の結果，市中銀行の（日銀開設）当座預金口座を通じて政府（中央銀行）に円通貨が払い込まれて，日銀発行の通貨「ベース・マネー」(Base Money) が減少し，市中銀行が市場へ貸し出し可能な円資金（マネー・サプライ：通貨供給量）が減少し，金融市場が引き締められた状態になる。市場で出回るマネー・サプライ（通貨供給量）の縮小—通貨縮小—は，国内景気を悪化させ，ひいては国内物価を下落させデフレーションを引き起こす要因ともなり得る。

第Ⅱ部　国際マクロ経済学

〔通貨当局の対処法（為替政策）〕

　このような国内経済への市場介入の影響を回避（デフレ回避）するためには，政府・日銀が市場介入によって政府（中央銀行）によって回収された円通貨（ベース・マネー）を公開市場操作すなわち「買いオペレーション」（手形や国債などを金融機関から買い取る）を実施することで，再度，市場へ放出することでマネー流通量（マネー・サプライ：通貨供給量）を元の状態に戻すことができる。

　このように，中央銀行が買いオペ（市中銀行保有の手形や債券を購入）を通じて，再度市場にマネーを流入（注入）させ，市中銀行の（市中への貸し出し可能な）資金を増やしていくことで，通貨縮小⇒物価下落⇒デフレーション（deflation）発生という最悪の事態を事前に回避させることができる。このような日銀の対応策（中和策）が，ドル売り市場介入の際の「不胎化介入」政策である。

　政府・日銀による「不胎化介入」政策は，民間市場でのマネー・サプライ（通貨供給量）を変化させない「中立化」政策であるが，これにより金融市場での金利の変動を回避し，経済不安定化の芽—インフレ，デフレ発生の芽—を事前に摘むことが可能となる。ただし，このことで通貨当局（日銀）の外国為替市場への為替介入効果を低下させる可能性もある。

2　非不胎化介入政策

　前節で検討した不胎化介入政策は，外国為替市場への市場介入が国内経済（特に，金融市場）に及ぼす影響を防止することを目的としたものである。すなわち，為替介入は金融政策でもあるので，為替介入により金融市場で流通しているマネー・サプライ（通貨供給量）が変化して国内経済や物価に影響が及ぶことを回避することを目的としている。

　だが，現実には国内経済の動向次第では，為替介入によって金融市場に与える影響を放置しておく方が国内経済にとって良い結果をもたらす場合もあり得る。この場合，市場に流出したマネーを放置したり，あるいは市場から政府へ回収（流入）したマネーを退蔵しておく場合もある。これを「非不胎化介入」（non-sterilized intervention）政策と呼ぶ。

第10章　中央銀行の市場介入と政策効果

　ここでは，マネーの流れを放置して不胎化しない「非不胎化介入」政策について考察する。

(1)　ドル買い・円売り介入のケース

　例えば，ギリシャの深刻な財政赤字問題が表面化した際に見られたように，世界経済が混乱して外国為替市場で外貨（ドルやユーロ）が売られ，緊急避難的に円買いが起こり，急激な「円高」が進行して国内経済に深刻な影響が出る恐れがある場合，政府・通貨当局（日銀）は「ドル買い・円売り」の市場介入を実施して，円高阻止の対応を講じる必要性が生じる。このとき，国内の経済状況（例えば，不況が深刻化して金融緩和政策が実施されているケース）次第では，介入政策によって，国内金融市場に放出した円通貨を回収しないで放置しておく方が国内経済の安定化のためには有益となる場合もある。

　このように，放出された通貨を回収しないで国内経済に放置（胎化）しておく―不胎化しない―場合，ドル買い（円売り）によって市中に出回るマネー・サプライ（通貨供給量）は増加し，金融緩和の効果が一層強化されることになる。この場合，金融緩和によって市場金利がさらに低下して，この市場金利の低下は下記の二つのルート，【ルートⅠ：国内需要の拡大】と【ルートⅡ：国際的資金の流れ】を辿ってより一層の「ドル高・円安」を促進させていく可能性がある。

【ルートⅠ：国内需要の拡大】

　まず，不胎化しない（非不胎化）為替介入による金融緩和は，国内金利の低下によって国内投資を活発化させて消費を刺激するであろう。国内での投資需要や消費需要の拡大は，国内需要（内需）を刺激して国内景気を活発化させて，海外からの輸入を増大させる効果をもっている。輸入の増加は，輸入代金の支払い増加としての「ドル買い・円売り」圧力となり，ドル安・円高傾向に歯止めがかかるであろう。

173

第Ⅱ部　国際マクロ経済学

【ルートⅡ：国際的資金の流れ】

次に，金融緩和効果による金利の低下は，国際資本移動の視点から見れば，資金運用上，海外の高金利国で資金を運用（投資）した方が有利になる。このとき，国内資金が金利が高い海外へ流出し，資金の海外流出は「外貨（ドル）買い・円売り」となってドル安・円高圧力を食い止める効果をもっている。

このように，市場に放出された資金を回収（不胎化）しないで放置する「非不胎化」政策を前提とした為替介入による金融緩和効果（円放置政策）は，「金利」や「為替レート」の変化を通じて金融緩和をさらに促進させて，景気拡大を補強していく効果をもっている。

さて，市場介入によって外国為替市場へ供給された円通貨（ベース・マネー）を，市場に放置（胎化）させてしておく「非不胎化介入」（金融緩和）政策の事例としては，以下のような事例がある。

事　　　例

2003年から2004年にかけて円高阻止のための大規模なドル買い・円売りの市場介入が実施された。

この時は，日本経済はバブル崩壊後の長期不況から脱出することができずに，デフレーションが進行していた。このときの政府・日銀の対応策は，「長期の景気低迷」と「デフレ経済」の阻止を目標にして，円高と物価の下落に歯止めをかける，という政策目標を掲げて市場介入によって供給された円通貨（ベース・マネー）を市場に放置しておく所謂「非不胎化介入」政策が実施された。

(2)　ドル売り・円買い介入のケース

次に，ドル売り・円買い介入のケースを検討する。

例えば，輸入超過が続き経常収支の赤字が拡大している状況下，インフレの高進や政府の財政赤字が改善されない等々の理由で，日本経済の先行きが不透明な状況が続いている場合，外国為替市場で円売り・ドル買いが起こり，急激な円安が進行し，輸入関連産業に深刻な影響が出る恐れがある場合が考えられ

る。あるいは円安で輸入インフレが起こっている場合である。この場合，政府・通貨当局（日銀）は外国為替市場で積極的な「ドル売り・円買い」の市場介入を実施して，急激な円安を阻止するための施策を講じる必要がある。このとき，国内の経済状況（例えば，景気が過熱状態で引締め政策が実施されているケース）次第では，介入政策によって，国内金融市場から回収（流入）した円通貨を市場に戻さないで政府内に放置（金融引き締めの継続）しておく方が国内経済の安定化（物価の安定化）のためには有益となる。

　ドル売り・円買いの市場介入の場合，民間銀行から政府（通貨当局）へ円通貨が回収され市中で流通しているマネー・サプライ（通貨供給量）は減少し，金融が引き締められた状態となる。この場合，金融引き締めによって市中金利が上昇し，この市中金利の上昇は下記の二つのルートを辿ってドル高・円安を回避していく。

【ルートⅠ：国内需要の抑制】

　まず，市場介入方式が「非不胎化介入」の場合，金融引き締めは，国内金利の上昇が続き国内での投資支出や消費支出を低下させていく。国内の投資需要や消費需要の減少は，国内需要を低下させて景気過熱を鎮静化させ，海外からの輸入を減少させる。輸入の減少は，ドル買い・円売り圧力に歯止めがかかり，「ドル高・円安」傾向の回避にとって追い風になるであろう。

【ルートⅡ：国際的資金の流れ】

　次に，金融引き締め効果による国内金利の上昇は，国際的な資産運用の視点から見れば，国内の高金利で資金を運用した方が有利になる。このとき，金利が高い国内市場へ海外から投資資金が流入して，ドル売り・円買いが促進されて，「ドル安・円高」圧力が高まっていく。

　このように，市場介入による金融引き締め（金融市場からの円資金の回収）政策の継続（非不胎化政策の実施）は，「金利」や「為替レート」の変化を通じて金融引き締め効果をさらに補強していく効果がある。

第Ⅱ部　国際マクロ経済学

　市場介入によって円通貨（ハイパワード・マネー）を市場から回収したままにしておく「非不胎化介入」政策の事例としては，次のようなものが考えられる。

事　例　1

　1985年9月の米国のドル高是正のための先進5カ国（日米英独仏）の蔵相・中央銀行総裁による「協調介入」（プラザ合意）である。

　この時は，ドル高是正のための先進5カ国（G5）による「協調介入」により，ドル売り・円買いが実施されてドル安・円高が進み，「ベース・マネー」が日銀に回収されて民間の金融市場において「マネー・サプライ」（通貨供給量）が減少し金融引き締めが進行した。このような金融引き締め圧力により，国内金利が上昇し，金利上昇が海外資本の流入を促して，一層の円買い・ドル売りが進んでいた。政府・日銀は，ドル高是正⇒ドル安＝円高の国際的な協調介入を維持していくために，ドル売り・円買いを放置していた。所謂，政府・日銀へのマネー流入（政府の金庫内へのマネーの吸収）を放置するという意味での「非不胎化介入」政策の実施事例である。

　ただし，その後我が国政府は円高不況を回避するために低金利政策を実施している。これがその後，我が国において過剰流動性を生み「バブル経済」を引き起す遠因にもなった。

事　例　2

　当該国の通貨（円）が安くなって，海外からの生活資料（穀物や食肉，果物，石油など）や生産資源（原油，鉄鉱石など）の輸入価格が高騰する場合。輸入インフレの恐れがある場合である。

　通貨当局（日銀）は，外国為替市場で積極的な「ドル売り・円買い」の市場介入を実施して，急激な円安を阻止するための施策を実施する。この場合，市場介入によって金融市場から回収（流入）した円通貨を市場に戻さないで政府内に放置（金融引き締めの継続）しておく方が，インフレ阻止のためには有益となる。

第10章　中央銀行の市場介入と政策効果

　このようなドル売り・円買い介入時の通貨当局の資金源（ドル売り介入のためのドル資金）は，政府が保有している「外貨準備金」の取り崩しによって行われる。

　我が国政府は，巨額の外貨準備高（約100兆円）を保有しているので，為替介入資金である外貨（ドル通貨）は豊富にあるので安泰であるが，1997年・98年のアジア通貨危機の際には，タイ政府などは外資依存度が高く，国内の未熟な金融システムや政情不安などで投資家の信頼をなくし，投機筋によってタイ通貨バーツが売り浴びせられた。タイ政府はバーツ買いの市場介入を実施したがバーツ売りに対処できなくなり，バーツ暴落を招いた。

　このとき，タイと同様なケースの外資依存型の経済構造であったフィリピンやインドネシア，韓国なども，投機筋による通貨売りが波及して，フィリピン・ペソ，インドネシア・ルピア，韓国・ウォン等のアジア諸国の通貨が外資等の投機筋によって売り浴びせられて通貨暴落を引き起こし，「アジア通貨危機」が発生した[5]。

【注】

1）変動相場制度を採用している国が，自国の都合で為替操作を行うことを「管理された変動相場制度」（ダーティー・フロート制度，あるいはマネージド・フロート制度：Dirty or Managed Floating Exchange Rate System）制という。本書第9章第1節を参照。

2）政府による為替介入が貿易相手国へ経済的ダメージを与えた歴史的実例として，1930年代の「近隣窮乏化政策」（Beggar the neighbour）がある。近隣窮乏化政策とは，世界大恐慌による国内景気の落ち込みや国際収支の悪化による失業率の上昇に対処するために，欧米先進工業国が自国の経済的有利性（国際競争力）を確保するために，自国通貨の切り下げ競争を行い輸出拡大を誘導したり，関税の引き上げや輸入制限などを設けて国内産業の保護に走った事例である。

　このことにより自国産業は保護されるが，貿易相手国は為替高になり輸出減退と輸入増加による国内産業衰退に見舞われ多くの失業者を出すことになった。貿易相手国も自国産業保護と雇用維持のために同様の対抗措置を取った。為替の切り下げや関税障壁の引き上げ競争は，失業の輸出政策でもあり，結果的に第二次世界大戦へ突入する遠因になった。

3）ベース・マネー（別名，ハイパワード・マネー：高出力通貨ともいう）とは，日銀

が供給（コントロール）する通貨で，具体的には「市中に出回る現金残高（政府や金融機関が保有する現金も含む）」と「民間銀行が日銀に開設している当座預金残高」の合計額をいう。

4）この場合，市場介入の対象となる外貨は米ドル以外の通貨としてユーロの場合もある。また，政府が保有する外貨準備の中身として，ドル，ユーロなどの外貨預金や債券（国債）のほか金でも保有されている。この場合，ドル通貨はドル預金でも保有されるが，大部分は米国債の購入という形で資産運用されている。

5）この時は，タイや韓国などのアジア諸国はドルに対して自国通貨を固定する通貨制度を採用していた。具体的には，タイ・バーツ，韓国・ウォン等は通貨はドルとリンクさせていた「ドルペッグ制」(dollar peg) をとっていた。アジア通貨危機後，これら諸国は変動相場制へ移行した。

第11章　外国為替レートと経済政策の効果

　現代社会では海外との経済取引（貿易や金融等）が一般的で，外国との経済関係を抜きにして国内経済の発展はあり得ない。特に，我が国日本は，先進諸国の中で世界第2位の経済規模を有し海外との結びつきが強く，外国の経済動向が我が国経済へ直接的な影響をもたらすと同時に我が国の経済事情が海外諸国へ波及することも事実である。

　このような，我が国経済と海外との相互依存関係の中で，マクロ経済学体系の中で海外との貿易や金融等の経済取引を明示的に取り入れながらマクロ経済の問題やマクロ経済政策の在り方について考察していく領域が，「国際マクロ経済学」（オープン・マクロ経済学：open-macroeconomics）である。

　本章では，まず海外部門を考慮しない国内経済のみのケインズ型「閉鎖経済」（closed economy）体系の世界でのマクロ経済政策の効果（政策の有効性）について考察する。次に海外部門を考慮に入れたマンデルとフレミング型「開放経済」（open economy）体系下でのマクロ経済政策の効果（政策の有効性）について考察する。

　具体的な本章の構成としては，まず第1節においてIS・LM曲線を用いて生産物市場と貨幣市場の同時均衡について解説する。次に，第2節において，IS・LM曲線を用いて生産物市場と貨幣市場を同時に視野に入れながらマクロ経済政策（財政政策や金融政策）の効果について分析する。そして，最後に第3節において，ケインズ型の「閉鎖経済」（closed economy）体系モデルを拡張して海外部門を考慮に入れた「開放経済」（open economy）体系下でのマクロ経済政策の効果について考察する。

第Ⅱ部　国際マクロ経済学

第1節　生産物市場と貨幣市場の同時均衡分析
―IS・LMモデル―

　マクロ経済学の理論的フレーム・ワークはケインズ経済学である。ケインズ経済学では,「生産物市場」と「貨幣市場」の均衡を同時に考えることによって, 両市場の同時均衡としての国内総生産（GDP）あるいは国民所得と利子率が決定される。生産物市場と貨幣市場の同時均衡を分析する場合, 通常, IS・LM分析の手法が使用される[1]。

　IS・LM分析は, 物価水準を所与として, 生産物市場（IS）と貨幣市場（LM）の同時均衡として国民所得と利子率の決定を分析するものである。すなわち, 有効需要によって国内総生産（GDP）あるいは国民所得の水準が決定されるという生産物市場での「均衡国民所得決定」の理論と, 貨幣市場における貨幣需要と貨幣供給によって利子率が決定されるという「流動性選好」の理論を統合して図解したものである。このようなIS・LM曲線を用いることによって, 財政政策や金融政策の経済効果の分析が容易になる。

　本節では, IS・LM曲線を用いて生産物市場と貨幣市場の同時均衡についての経済学的な意味合いについて考察する。なお, 厳密には生産物市場では実質利子率, 貨幣市場では名目利子率によって議論される。ここでは, 物価水準を一定と仮定しているので, 以下では実質利子率と名目利子率は等しいものと見做して議論していく。

1　IS・LMモデル

　現実の経済動向を分析する場合, 生産物市場や貨幣市場をそれぞれ切り離して別個に考察しても意味がない。実体経済は生産物市場と貨幣市場が相互に関連しながら動いており, したがって, 両市場の相互関連性を考慮した分析が必要となる。このための分析ツールがIS・LM分析である。このIS・LM分析は, 政府のマクロ経済政策の変更が実体経済にどのような影響をもたらすかといった政策効果の分析に使用される。

第11章　外国為替レートと経済政策の効果

＜IS－LMの同時均衡＞

　物価水準を一定として，生産物市場と貨幣市場を同時に均衡させる利子率と国民所得の組み合わせは，IS曲線とLM曲線の交点によって示される。これは，下記の図表11－1によって示すことができる。

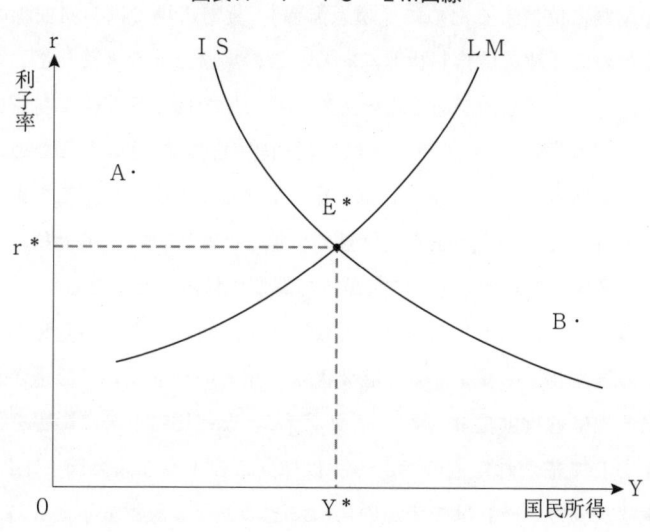

図表11－1　IS・LM曲線

　図表11－1では，生産物市場の均衡を表すIS曲線と貨幣市場の均衡を表すLM曲線が描かれている。

　IS曲線は生産物市場で財貨の需給を均衡化させるような利子率 r と国民所得 Y の組み合わせを示している。IS曲線上のどの点を取っても生産物市場は均衡している。これに対して，LM曲線は貨幣市場で貨幣の需要と供給を均衡化させるような利子率 r と国民所得 Y の組み合わせを示している。LM曲線上ではどの点を取っても貨幣に対する需要と供給が均衡している。したがって，生産物市場と貨幣市場とを同時に均衡させる利子率 r と国民所得 Y の組み合わせは，図表11－1における両曲線の交点 E^* で与えられる。交点 E^* で生産物市場の需給と貨幣市場の需給が同時に均衡し，ゆえに E^* 点で均衡利子率 r^*

と均衡国民所得Y＊が決定されることになる。このE＊点で生産物市場と貨幣市場の同時均衡が達成される。

2 生産物市場（IS曲線）と貨幣市場（LM曲線）の同時均衡

このモデルで，仮にE＊点以外のA点に経済がある場合，生産物市場ではIS曲線の左側に位置するために「超過需要」，貨幣市場ではLM曲線の左側に位置するために「超過供給」状態にある。この場合，rの下落とYの増加が起こる。逆に，B点に経済がある場合，生産物市場ではIS曲線の右側に位置するために「超過供給」，貨幣市場ではLM曲線の右側に位置するために「超過需要」状態にある。この場合，rの上昇とYの減少が起こる。このように，ある一定の条件下では経済がE＊点以外の位置（市場の需給不均衡状態）にある場合，経済は必ず需給均衡点E＊に向かって調整されることになる。

ここで議論してきたIS曲線は，財政支出や経常収支などの変化がなく生産物市場での総需要に影響を与える諸要因が一定という前提の下で描かれた。また，LM曲線は通貨供給量（マネー・サプライ）など貨幣市場に影響を与える要因を一定として描かれたものである。仮に，このような諸要因（外生変数）に変化が生じた場合，それはモデルの均衡にどのような影響を与えるのであろうか。これについて，次節で検討してみよう。

第2節　IS・LM分析と経済政策の効果

マクロ経済政策の変更があった場合，それが生産物市場での総需要にどのような影響をもたらし，貨幣市場で決定される利子率にどう影響するのか。あるいは，利子率の変化が企業の投資活動あるいは国内総生産（GDP）や国民所得にどのような影響をもたらすのか。このようなマクロ経済の基本的問題を吟味していくためには，生産物市場と貨幣市場の相互依存関係を前提にした経済政策の効果を分析する必要がある。この分析ツールが今まで検討してきたIS・LM曲線である。

第11章　外国為替レートと経済政策の効果

　本節では，IS・LM曲線分析を用いてマクロ経済政策（財政政策や金融政策）の効果について考察する。

(1) 財政政策と金融政策の有効性

　前節で考察してきた均衡国民所得や均衡利子率は，IS曲線あるいはLM曲線のシフトによって変化する。その場合，IS曲線やLM曲線のシフトは政府の財政政策や金融政策の変更によって引き起こされる。ちなみに，IS曲線は財政支出を一定としたうえでの生産物市場を均衡させる利子率と国民所得との組み合わせであった。したがって，この財政支出に変化があった場合，IS曲線はシフト（平行移動）する。また，LM曲線は貨幣供給量（マネー・サプライ）を一定としたうえでの貨幣市場を均衡させる利子率と国民所得の組み合わせであった。この場合，貨幣供給量が変化した場合，LM曲線はシフト（平行移動）する。このようにして，財政政策や金融政策の変更はIS曲線やLM曲線のシフトを通して新しい均衡利子率や均衡国民所得を実現していく。

(2) 財政政策の効果

　財政政策の変更は，IS曲線のシフトによって描くことができる。例えば，拡張的な財政支出政策（この場合，財源の問題は考慮しないものとする）は貨幣供給量（マネー・サプライ）一定の仮定の下で，IS曲線を右方へシフトさせる。（IS→IS′）。このとき，均衡点はE^*からE_1点へ移行し，これは国民所得水準をY^*からY_1へと増加させるとともに利子率をもr^*からr_1へと上昇させる。これは，財政支出の増加は生産物市場での総需要を増大させ，国内総生産（GDP）や国民所得を増大させるが，これと同時に，生産・所得の増加は，貨幣市場において貨幣に対する需要（取引需要）L_1を増大させるために，貨幣に対する超過需要を発生させる。これは人々に債券売却の動機を与え，これによって債券価格は低下し，利子率は上昇していく。これが，マネー・サプライ一定の下での財政支出の拡大がもたらす均衡利子率と均衡国民所得への影響である。これとは反対に，財政支出が削減されるケースでは，IS曲線は左方へ

183

シフト（平行移動）し，均衡利子率と均衡国民所得はともに低下することになる。

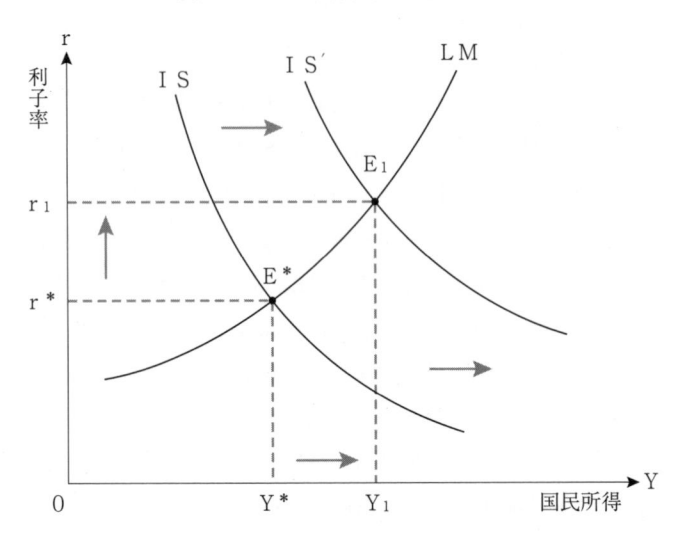

図表11－2　財政政策の効果（Ⅰ）

（図：縦軸 r 利子率，横軸 Y 国民所得。IS 曲線が IS' へ右シフトし，LM 曲線との均衡点が E* （r*, Y*）から E₁ （r₁, Y₁）へ移動）

　ここで注意すべきことは，拡張的な財政政策は，乗数効果を通じて国内総生産（ＧＤＰ）あるいは国民所得を増加させる効果をもっているが，これは貨幣供給量（マネー・サプライ）を所与とする限り，取引動機に基づく貨幣需要を増加させ，利子率を上昇させ，この利子率の上昇が生産物市場での投資需要の減少をもたらすということである。このような財政支出拡大による民間投資の減少効果を「クラウディング・アウト」（crowding out）効果という。

　このように，財政支出の拡大政策はＩＳ曲線を右へシフトさせることにより，国民所得を増加させるが，その一部は利子率 r の上昇によってクラウド・アウトされ，財政政策の所得増大効果は削減されることが分かる。いわゆる「クラウディング・アウト」の発生である。このようなクラウディング・アウト現象が最も顕著になるのは，ＬＭ曲線が垂直の形状を取る場合である。

(3) LM曲線が垂直のケース

図表11-3は、LM曲線が垂直の形状を取っている状況を示したものである。このような場合、政府の財政支出の拡大政策によってIS曲線がIS′曲線のように右方へシフト（平行移動）すれば、国民所得水準はY_0からY_1へ増大する。このような所得の増大は、貨幣市場における貨幣の取引需要を増加させる。ただし、貨幣供給量（マネー・サプライ）が一定である限り、これは利子率のr_0からr_1への上昇を引き起こす。利子率の上昇は民間投資の減少をもたらし、国民所得の増大分に等しい生産の減少あるいは所得の減少を誘引させるであろう。したがって、LM曲線が垂直のケースでは、新たな均衡点はE_1となり財政支出の拡張政策は効果をもたないことになる。

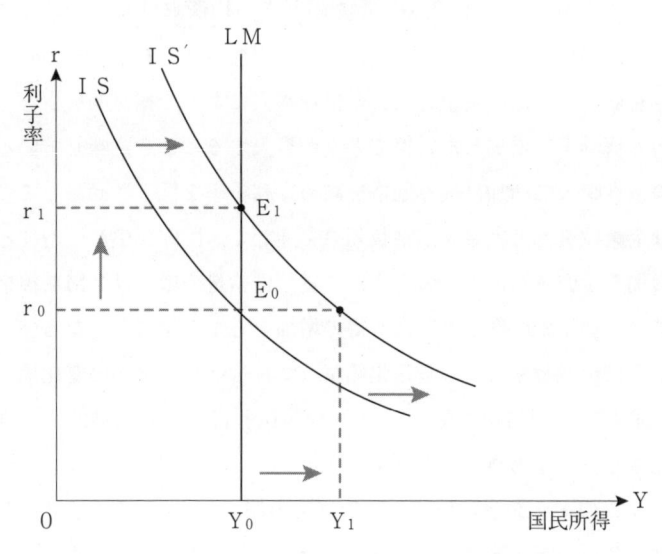

図表11-3 財政政策の効果（Ⅱ）

このようにLM曲線が垂直になる場合、財政政策の実施によるIS曲線の右方シフトは利子率rの上昇を引き起こすのみで、完全な投資のクラウディング・アウトが発生するということである。LM曲線が垂直ということは、貨幣

市場での貨幣需要（流動性選好）が利子率には依存—投機的動機—せず，国民所得のみに依存—取引動機—していることを意味する。これは，古典派経済学の貨幣数量説の考えに通じるもので，いわゆるこのような「クラウディング・アウト」の発生は，ケインズの有効需要政策の"落とし穴"となる。

(4) 金融政策の効果

　金融政策の変更は，LM曲線のシフトによって描くことができる。まず，金融政策の実施によって，貨幣供給量（マネー・サプライ）が増大した場合をみてみよう。例えば，ある一定の国民所得水準の下で，中央銀行による買いオペレーション（公開市場で，中央銀行が債券を買い付けること）が行われた場合，貨幣供給量（マネー・サプライ）が増大し，この貨幣供給量の増大は，LM曲線を右方へシフトさせる（LM→LM′）。このとき，均衡点はE_0からE_1点へと移行し，これは国民所得水準をY_0からY_1へと増加させ，利子率をr_0からr_1へと低下させる。これは中央銀行による債券購入によって相対的に少なくなった民間部門の債券を，増加した貨幣で人々が購入することを意味している。民間部門での債券購入の増加は債券価格を高め，利子率を低下させる。この利子率の低下は企業投資を拡大させ，乗数効果を通して，国内総生産の増加と国民所得Yの増加を誘引させる。このように，貨幣供給量の増加はLM曲線を右方へシフトさせ，利子率の低下と国民所得の増加をもたらすことになる。

　このように金融政策による貨幣供給量（マネー・サプライ）の変化は，利子率の動きを通じて，国内総生産（GDP）や国民所得などの実物的マクロ経済変数を変化させ，生産物市場に影響を及ぼす。

　ただし，このような金融政策は，景気後退期（不況期）には効果があまりないことは第3章の第4節ですでに説明したとおりである。というのは，景気後退期に金融政策によってマネー・サプライを増大しても，利子率がある特定の十分に低い水準r_zまで下がると，債券を保有する魅力がなくなり，債券への需要が低下し，貨幣への需要が無限大となり，利子率が下がらないからである（図表3－2参照）。このように，ある特定の非常に低い水準まで利子率が下が

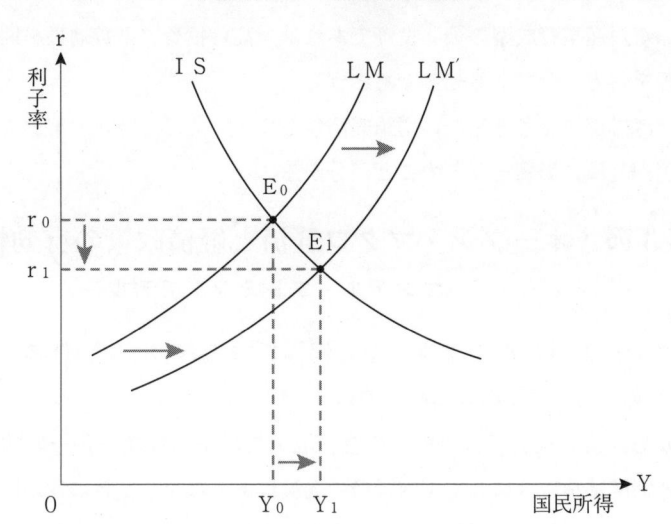

第11章 外国為替レートと経済政策の効果

図表11－4 金融政策の効果

ると，政策的にマネー・サプライを増大させても，もはやこれ以上利子率が低下しえないという状態に経済が陥る場合を「流動性の罠」（liquidity trap）という。このような経済状況では，マネー・サプライを増加させても，民間投資の増加が見込めないので，利子率の動きを通じた国内総生産（GDP）や国民所得などの実物的マクロ経済変数を変化させることはできなくなり，生産物市場に影響を与えることは不可能となる。現在の日本経済がこのような状態にあることは周知のことである。

このように，流動性の罠に陥っているような経済状況下では，金融政策よりも財政政策の方が実体経済に対してより大きな効果を与えるものと考えられる。

すでに述べてきたように，IS曲線を右方へシフトさせる財政政策の拡大は，投資の乗数効果を通じて，生産物市場に影響を与える。

ただし，現在の日本経済は，産業構造の変化により投資の乗数効果が低下しており，公共投資を中心とした従来型の財政支出拡大政策は，その効果を発揮できなくなっている。新たな市場を生み出すような，ベンチャー・ビジネス

第Ⅱ部　国際マクロ経済学

（venture business）等の新規産業を開拓し，育成していくような財政政策が望まれる。新規産業育成型の公共投資であれば，高い投資の乗数効果を期待でき，ＩＳ曲線を右方へシフトさせるであろう。

以上，海外部門を考慮しない閉鎖経済体系においては，財政政策および金融政策は国内経済に影響を及ぼすことが分かる。

第3節　オープン・マクロ経済と経済政策の有効性
―マンデル・フレミングモデル―

前節では，海外部門を考慮しない国内経済のみの「閉鎖経済」(closed economy) 体系の世界での経済政策の効果（政策の有効性）について考察してきた。しかし，現代社会では海外との経済取引（貿易や金融等）が一般的で，外国との経済関係を抜きにして国内経済の発展はあり得ない。特に我が国日本は，先進諸国の中で世界第2位の経済規模を有し海外との結びつきが強く，外国の経済動向が我が国経済へ直接的な影響をもたらすと同時に我が国の経済事情が海外諸国へ波及することも事実である。

このような我が国経済と海外との相互依存関係の中で，マクロ経済学体系の中で海外との貿易や金融等の経済取引を明示的に取り入れながらマクロ経済の問題やマクロ経済政策の在り方について考察していく領域が，「国際マクロ経済学」（オープン・マクロ経済学：open-macroeconomics）である。

本節では，海外部門を考慮に入れた「開放経済」(open economy) 体系下での経済政策の効果について考察する。

マンデル（Robert Alexander Mundell）とフレミング（John Marcus Fleming）は，ケインズ型[2]の閉鎖経済モデルを拡張して，自由な資本移動を想定した開放経済モデルのフレーム・ワークの中で，財政政策や金融政策の経済効果がどのように変化するのかについて分析している。この理論を，通称「マンデル＝フレミングモデル」(Mundell＝Fleming Model)[3] という。

第11章　外国為替レートと経済政策の効果

＜オープン・マクロ経済体系に国際資本の移動を導入＞

マンデル＝フレミング理論は，従来型のケインズ型ＩＳ・ＬＭモデルに海外部門を導入したものであり，国内経済だけではなく国際的な経済取引（貿易や資本取引）を考慮にいれた"オープン・マクロ経済"の世界を想定して，次の諸仮定を置いて，マクロ経済政策（財政政策，金融政策）の経済効果について分析している。

(1)価格や賃金の硬直性（価格が変化しない短期モデル），(2)（自国の経済活動が外国経済に影響しないという）小国経済モデルを前提に，自国の利子率が世界の利子率に影響を及ぼさない，そして(3)完全に自由な国際資本移動の想定である。

さらにマンデル＝フレミング理論では，前掲の仮定(2)のように当該国の国内金利の変化が海外の金利（世界の金利）に影響を及ぼさない小国モデルが仮定され，この仮定により国際的な資本移動により国内金利は世界金利に収束していき国際間での金利格差が解消され，世界の統一金利が成立するものと想定されている。すなわち，国内の金利が上昇して海外の金利よりも高くなった場合，国内の高い金利を求めて海外からの資本流入が起こり，それによって国内の金利が低下して世界金利に収束していくという理論展開である。

また，マンデル＝フレミング理論では，国際通貨制度の様式を「変動為替レート制度」か「固定為替レート制度」かに二区分して，マクロ経済政策（財政・金融政策）の経済効果（経済波及メカニズム）について考察している。

本節では，以下，１変動為替相場制度と２固定為替相場制度の二つのケースを想定し，それぞれのケース下でのマクロ経済政策の効果について考察する。

１　変動為替相場制度

完全に自由な国際資本移動を前提とした場合，マクロ経済政策（財政政策や金融政策）は，「金利」や「為替レート」の動きを通じて，国内経済取引や国際経済取引（貿易や国際資本の移動）に影響を及ぼし，国内外の景気動向を左右する。したがって，マクロ経済政策の有効性にも影響を及ぼす。

本項では，まず変動為替相場制度の下でのマクロ経済政策—(1)財政政策と(2)

第Ⅱ部　国際マクロ経済学

金融政策—の効果（政策の有効性）について考察する。

(1) 財政政策の有効性 —政策の経済波及効果—

　財政政策（fiscal policy）は，具体的な政策手段として(1)財政支出政策と(2)租税政策がある。本項では，変動相場制度の下での「拡張的財政支出」政策の効果を考察していく（但し，減税政策の場合でも同じ効果がみられる）。

＜拡張的財政支出政策＞

　変動相場制度を想定した場合，ある一定の前提条件（国際的資本移動が完全に自由な場合）の下では，金利や為替レートの動きは拡張的財政支出政策の効果を弱める。ここでは，拡張的な財政支出政策の経済効果を検討する。

　　A　閉鎖経済のケース —金利変動の国内経済波及効果—
　まず，閉鎖経済体系下で政府が拡張的な財政支出政策を実施した場合，国内での経済波及効果は以下のとおりである。

　いま政府が景気対策のために新たな財政支出（公共事業）Gを実施したとする。通常，財政支出（公共事業）の増大は，民間の投資支出Iや消費支出Cを増やして一国全体の総需要を増加していく（図表11-5のIS曲線の右方シフト：①IS→IS′）。総需要の増加はさらに生産や雇用を増加させ国内総生産（GDP）Yを増大させ，一国の経済規模を拡大させる（①Y^*→Y_1）。

　このような国内景気の拡大は，金融市場での資金需要を増加させて金融市場での資金の需給を逼迫させる可能性がある。金融市場での資金需給の逼迫は，市場利子率（r）を上昇させる（①r^*→r_1）。この場合，政府の財政支出の財源が国債発行で賄われる場合，民間部門の資金が政府部内へ吸引（流出）されて金融市場において資金の需給が一層逼迫し，市場利子率をさらに上昇させる。このような市場利子率の上昇は民間投資を減少させ，投資減少は国内の需要低下を誘引し，国内の景気拡大の一部を相殺する。これが金利上昇による「クラウディング・アウト（crowding out）：民間投資の締め出し」効果である[4]。これ

第11章　外国為替レートと経済政策の効果

は図表11－5でいえば，LM曲線の傾きが急勾配の時，顕著となる。

図表11－5では，このような拡張的財政支出の増加が生産物市場の均衡を表すIS曲線を右方へシフト（平行移動）させ（①IS→IS′），IS曲線とLM曲線の均衡点がE*からE₁へ移動して，国内総生産（GDP）Yが増加していく（①Y*→Y₁）。但し，このとき利子率も上昇する（①r*→r₁）ので利子率上昇分だけ景気拡大の一部が相殺されることになる。

このように，国債を大量に発行して財政支出の財源を賄った場合，金融市場の資金が政府部門に吸い上げられて，民間部門での資金需給が逼迫する。これが金利上昇要因になる。ただし，これは国内景気が良いときの現象で，現在の日本経済のように経済が停滞しデフレ経済下にある場合には，民間の資金需要が緩慢だけでなく民間の金融機関は資金を過剰に抱えている場合が多く，金利上昇圧力は考えられない。この場合，クラウディング・アウト効果は機能せず，財政政策の効果を打ち消すことにはならない。

B　開放（オープン）経済のケース　—為替レート変動の経済波及効果—

次に，海外との資本移動が完全に自由な開放経済（オープン・マクロ経済）体系を想定し，政府の拡張的財政支出政策による国内金利（利子率）上昇による為替レート変動の経済波及効果について検討してみる。

まず拡張的な財政支出による国内利子率上昇 $r^* \to r_1$ は，海外からの資本流入を引き起こして為替レート（円レート）を引き上げて，為替レートの上昇（円高）が拡張的財政政策の効果を抑制していく。

すなわち，開放（オープン）経済を想定した場合，国内利子率の上昇（①r^*→r_1）は海外からの資本流入圧力（国際資本移動）を引き起こして円買い・ドル売りが起こり，為替レートを「円高」（ドル安）へと誘引していく。「円高」は輸入増加と輸出減少を誘引し，輸入の増加と輸出の減少は国内の総需要を低下させ，国内総需要の低下は国内景気を悪化させる（IS曲線の左方シフト：②IS′→IS）。このような資本流入による円高圧力は国内利子率 r が世界利子率 r^* へ収斂（②$r_1 \to r^*$）するまで続くことになる。

第Ⅱ部　国際マクロ経済学

このように，「為替レート」の動きを考慮すれば，財政支出の拡大による経済波及効果（景気回復）は完全に相殺（クラウディング・アウト）されることになる（②$Y_1 \rightarrow Y^*$）。

以上から分かるように，開放経済体系下での拡張的な財政支出政策は，「金利の上昇」と国際資本移動を通じて「為替レートを上昇」（円高圧力）させて，拡張的財政支出政策の経済波及効果を弱めることになる。マンデル＝フレミングの理論では，拡張的財政支出政策は，ある一定の前提条件（国際的資本移動が完全に自由な場合）の下では，国際的な資金移動を通じた為替レートの上昇（円高）によって，景気拡大効果を相殺させる。これが国際化の進展（グローバル経済化）による「金利」と「為替レート」の変化を通じた景気の抑制効果である。

この場合，貿易相手国（例えば，アメリカ）では，通貨安（ドル安）が起こり，輸出の増大と輸入の減少による国内総需要の増加がみられ，景気拡大が起こることになる。

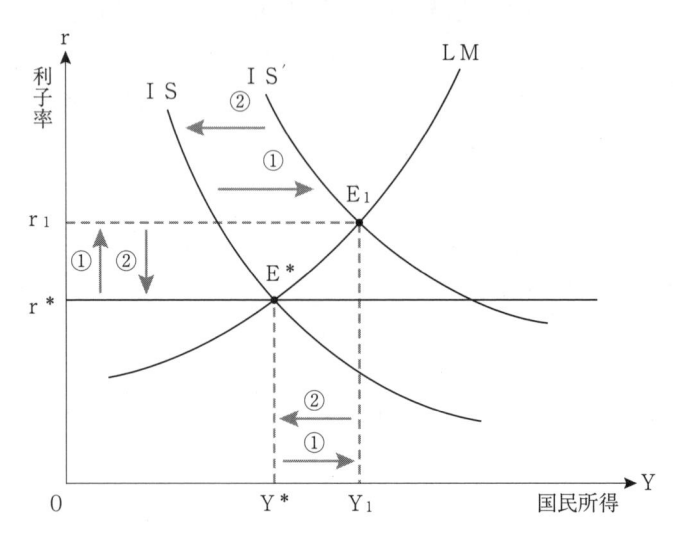

図表11－5　変動相場制下での財政政策の効果

(2) 金融政策の有効性 ―政策の経済波及効果―

　金融政策（monetary policy）は，具体的な政策手段として，第3章第3節で考察したように中央銀行（日本銀行）による(1)公定歩合（金利）操作政策，(2)公開市場操作政策，(3)支払準備率（預金準備率）操作政策がある。本項では公定歩合（金利）政策と公開市場操作政策のケースについて考察していく。

＜金融緩和政策＞

　変動為替相場制度を想定した場合，ある一定の前提条件（国際的資本移動が完全に自由な場合）の下では，金利や為替レートの動きは金融緩和政策の効果を補強する。ここでは，中央銀行による金融緩和政策の経済波及効果を検討する。

_A_　閉鎖経済のケース ―金利変動の国内波及効果―

　まず，閉鎖経済体系下で中央銀行（日銀）が金融緩和政策を実施した場合の経済波及効果について検討してみる。

　中央銀行の金融緩和政策，例えば市場金利（利子率）rの引き下げ政策は，まず民間投資 I や民間消費 C を増加させる。このような総需要の拡大は，国内景気を活性化させる。あるいは中央銀行（日銀）が公開市場操作政策（買いオペレーション）を実施した場合，民間銀行から手形や国債などを購入する代わりに円通貨（日銀券）が中央銀行から民間銀行へ振り込まれる（この通貨をベース・マネー，あるいはハイパワード・マネーという）。この円通貨が民間銀行から企業へ貸し出されて，市中で流通する通貨の流通量（マネー・サプライ：通貨供給量）が増大し（LM曲線の右方シフト：①LM→LM′），生産物市場と貨幣市場の均衡点はE^*からE_1へと移動して，市場利子率をr^*からr_1へと低下させる（①r^*→r_1）。市場利子率の低下は，民間投資 I や民間消費 C を増加させて総需要を拡大させる。さらに，総需要の拡大は生産や雇用を増やして国内総生産（GDP）YをY^*からY_1へと拡大させ，国内景気を活性化させる効果を持つ（金融緩和の第一次波及効果）。LM曲線の右方シフト（LM→LM′）とGDPの増大（Y^*→Y_1）である。

第Ⅱ部　国際マクロ経済学

B　開放（オープン）経済のケース ―為替レート変動の波及効果―

次に，開放（オープン）経済体系下での中央銀行の金融緩和政策による経済波及効果について検討する。

完全に自由な国際資本移動を想定した場合，開放経済体系の下では，国内の市場利子率 r の低下は市場利子率 r を世界利子率 r＊よりも相対的に低くし，海外からの資本流入を抑制し，あるいは国内資本を海外へ流出させる。資本の海外への流出―国際資本移動―は，邦貨（円）売り・外貨（ドル）買いであるから，当該国の為替レート（円レート）を引き下げて，為替レートを円安・ドル高へと誘引していく[5]。「円安」は輸入の減少と輸出の増加をもたらし，輸入減少と輸出増加は国内需要を拡大させ（IS曲線の右方シフト：②IS→IS′），国内総生産（GDP）Y を増加させて国内経済を活性化させよう（E_1→E_2：Y_1→Y_2）。

開放経済体系下での為替レートの動きを考慮すれば，金融緩和による経済効果（景気刺激）は，輸入と輸出への影響を通じて金融緩和政策の効果を強化・増幅させていく。

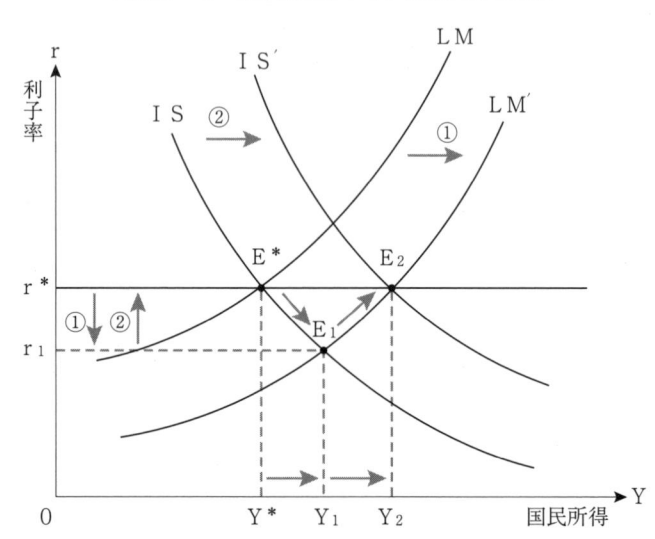

図表11-6　変動相場制下での金融政策の効果

第11章　外国為替レートと経済政策の効果

　以上，検討してきたように，マンデル＝フレミングの理論では，金融緩和政策は，ある一定の前提条件の下では（国際的資本移動が完全に自由な場合），国際的な資金移動を通じた為替レート安（円安）による輸入と輸出への影響を通じて，金融政策の景気拡大効果を補強する役割を持つことになる。これが国際化の進展（グローバル経済化）による「金利」（利子率）と「為替レート」の変化を通じた景気の増幅（伝播）効果である。

　この場合，貿易相手国（例えば，アメリカ）では，通貨高（ドル高）が起こり，輸出の減少と輸入の増加による国内総需要の減少がみられ，景気後退現象が起こることになる。

2　固定為替相場制度

　完全に自由な国際資本移動を前提とした場合，マクロ経済政策（財政政策や金融政策）は，「金利の動き」や「為替レートの固定化」を通じて，国内経済や国際経済取引（貿易や国際資本の移動）に影響を及ぼし，国内外の景気動向を左右する。したがって，マクロ経済政策の有効性にも影響が及ぶ。

　本項では，「固定為替相場制度」の下でのマクロ経済政策─(1)財政政策と(2)金融政策─の効果（政策の有効性）について考察する。

(1)　拡張的財政政策の経済効果　─財政政策の有効性─

　固定為替レート制度を採用している場合，ある一定の前提条件の下では（国際的資本移動が完全に自由な場合），景気対策としての拡張的財政支出政策は，「金利の動き」と「為替レートの固定化」を通じて，国内総生産（ＧＤＰ）を拡大させ財政政策の効果を補強する。

　A　閉鎖経済のケース　─金利変動の国内経済波及効果─
　まず，閉鎖経済体系下での政府の拡張的財政政策の経済波及効果について考察する。
　政府が景気対策のために，新たな財政支出（公共事業）を実施したとする。

第Ⅱ部　国際マクロ経済学

　通常，景気対策のために政府が財政支出（公共事業）Gを実施した場合，民間の投資Iや消費Cが刺激され総需要が増加していく（①IS→IS′）。総需要の増大は国内総生産（GDP）を増やし国内景気を拡大させる（$Y^* \to Y_1$）。

　このような国内の景気拡大は，金融市場での資金需要を刺激して市場利子率rを上昇させる（①$r^* \to r_1$）。さらに政府支出の財源が国債発行によって調達される場合，民間部門の資金が政府部内へ吸収（流入）されて金融市場において資金が一層逼迫し市場利子率rをさらに引き上げる。このような利子率の上昇は民間投資を抑制し，国内景気を後退させる（図解，省略）。

　図表11-7では，このような拡張的財政支出の増加が生産物市場の均衡を表すIS曲線を右方へシフト（平行移動）させ（①IS→IS′），国内総生産（GDP）Yが増加していくことを示している（$Y^* \to Y_1$）。

　B　開放（オープン）経済のケース　—為替レート固定化の経済波及効果—

　次に，海外との資本移動が完全に自由な開放経済（オープン・マクロ経済）体系を想定し，政府の拡張的財政支出政策による国内利子率上昇による経済波及効果について検討してみる。

　開放（オープン）経済体系を前提すれば，国内利子率の上昇（①$r^* \to r_1$）は海外からの資金流入を引き起こして為替レートが円高（ドル安）へと上昇していく。この場合，固定レート制度の下では中央銀行（日本銀行）は，為替レートの上昇（円高）を固定レート（平価水準）へ引き戻すための為替介入の義務を負うので，円高阻止のために市場介入（ドル買い・円売り）や金融緩和政策（買いオペレーション）を実施してマネー・サプライ（通貨供給量）を市場に注入させて為替レートを元の固定レート（平価）へ誘導させる。あるいは，固定レート（平価）を維持していく限りにおいて，高金利による円買いに対して政府・日銀は円通貨を供給し続けなくてはならない。したがって，国内ではマネー・サプライ（通貨供給量）が増加して（LM曲線が右方へシフト：②LM→LM′），実質的な金融緩和により国内利子率が低下して（②$r_1 \to r^*$）—この場合，国内利子率rの低下は，世界利子率水準r^*に一致するまで続く—，国内利子率の

第11章 外国為替レートと経済政策の効果

低下は民間投資Ｉを増加させて国内の総需要をより一層増大していく。総需要の一層の増大により国内総生産（ＧＤＰ）Ｙがさらに拡大して（$Y_1 \to Y_2$），国内景気はより一層活性化していく（$E^* \to E_1 \to E_2$）。

図表11－7では，このような拡張的財政支出の増加が生産物市場の均衡を表すＩＳ曲線を右方へシフト（平行移動）させ（①ＩＳ→ＩＳ′），国内総生産（ＧＤＰ）Ｙが増加していくことを示している（$Y^* \to Y_1$）。そして，拡張的財政支出の増大による国内利子率上昇（①$r^* \to r_1$）が海外からの資本流入を促して国内の円通貨を増大させて（マネー・サプライ：通貨供給量の増加）ＬＭ曲線が右方へシフトして（②ＬＭ→ＬＭ′），国内総生産（ＧＤＰ）Ｙがさらに拡大していく（$Y_1 \to Y_2$）。

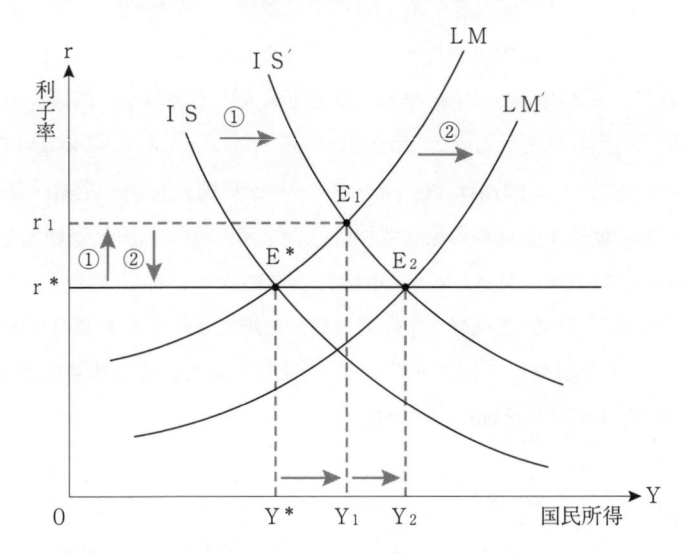

図表11－7　固定相場制下での財政政策の効果

以上，検討してきたように，固定レート制度の下では，拡張的財政支出政策による経済効果は極めて有効に機能していくことが分かる。マンデル＝フレミングの理論では，固定レート制度の下での拡張的財政支出政策は，ＧＤＰを一層拡大させて，政策効果が極めて高いことが分かる。

第Ⅱ部　国際マクロ経済学

(2) 金融緩和政策の経済効果 —金融政策の有効性—

次に，固定相場制度を前提とした場合の中央銀行による金融緩和政策の経済波及効果について検討してみる。

固定為替相場制度を想定した場合，ある一定の前提条件（国際的資本移動が完全に自由な場合）の下では，景気対策としての中央銀行による金融緩和政策は，「金利の動き」と「為替レートの固定化」を通じて，国内総生産（GDP）水準を縮小させ金融政策の効果を低下させる。

A　閉鎖経済のケース —金利変動の国内経済波及効果—

まず，固定為替レート制度を前提とした場合，中央銀行（日銀）の金融緩和政策，例えば国内金利の引き下げ政策は，まず民間投資Iや民間消費Cを増大し総需要を増大させ，国内総生産（GDP）を拡大し（$Y^* \to Y_1$），国内景気を活性化させる。あるいは中央銀行が公開市場操作政策（買いオペレーション）を実施した場合，民間銀行から手形や国債などを購入する代わりに円通貨が日銀から民間銀行へ振り込まれる（この場合の通貨を，ベース・マネーあるいはハイパワード・マネーという）。この通貨（ベース・マネー）が民間銀行から企業へ貸し出されて，市中で流通する貨幣の量（マネー・サプライ：通貨供給量）が増大し（LM曲線の右方シフト：①LM→LM′），市場利子率を低下させる（①$r^* \to r_1$）。市場利子率の低下は，民間投資Iや民間消費Cを増大させて総需要及び国内総生産（GDP）Yを増やし（①$Y^* \to Y_1$），国内景気を拡大させる効果を持つ（金融緩和政策の第一次経済波及効果：$E^* \to E_1$）。

B　開放（オープン）経済のケース —為替レート固定化の経済波及効果—

次に，開放（オープン）経済体系下での中央銀行の金融緩和政策による国内利子率低下の経済波及効果について検討する。

開放経済体系を前提とした場合，ある一定の前提条件の下では（国際的資本移動が完全に自由な場合），中央銀行の金融緩和政策の実施による国内利子率rの低下は，海外からの資本流入を抑制し，あるいは国内資本を海外へ流出させ

る。国内資本の海外への流出（国外資本移動）は，邦貨（円）売り・外貨（ドル）買いであるから，当該国の為替レートを円安（ドル高）へと誘引していくことになる。この場合，固定レート制度の下では中央銀行（日本銀行）は為替レートを固定する義務があるために，為替レートの低下（円安）を固定レート（「平価」水準）へ引き戻すために，邦貨（円）買い・外貨（ドル）売りによって市場へ放出された円通貨を買い続けなければならない。具体的な方法として，中央銀行（日銀）は円安阻止のために市場介入（ドル売り円買い）や金融引き締め政策（売りオペレーション）を実施してマネー・サプライ（通貨供給量）を市場から回収して金利を引き上げて円買いを促進させて，為替レートを元の固定レート（平価）へ誘導させる。

このように固定レート制を前提とした場合，中央銀行（日銀）は為替レートを固定する義務があるために，円売りによって市場へ放出された円通貨を買い続けなければならない。政府（日銀）への円通貨の回収は，民間金融市場におけるマネー・サプライ（通貨供給量）を減少させて，市場利子率 r を上昇させる（図表11-8　LM曲線の左方シフト：②$LM' \rightarrow LM$）。この場合，市場利子率の上昇は，国内利子率 r が世界利子率 r^* に一致するまで続く（②$r_1 \rightarrow r^*$）。そして，このような実質的な金融引き締めは民間投資 I や民間消費 C の減少⇒総需要及び国内総生産（GDP）Y の低下（②$Y_1 \rightarrow Y^*$）を通じて，国内景気を一層悪化させることになる（金融緩和の第二次経済波及効果：$E_1 \rightarrow E^*$）。

このように，固定レート制度の下では，金融緩和政策による国内景気の拡大が，固定レート維持による円買い介入による市場利子率上昇圧力が働き，経済は元の状態へ戻り（図表11-8　LM曲線の左方シフト：②$LM' \rightarrow LM$），金融緩和の経済波及効果が相殺されて，金融政策の効果は失われることになる。

マンデル＝フレミングの理論では，固定レート制度の下での金融緩和政策は，GDP水準を変化させずに政策効果は無効となる。

第Ⅱ部　国際マクロ経済学

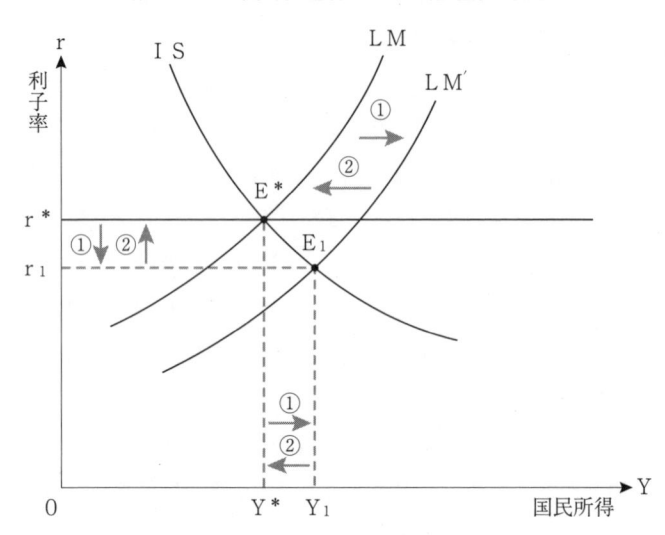

図表11－8　固定相場制下での金融政策の効果

<為替レートを通じたマクロ経済政策の経済効果>

　結局，外国との経済取引（貿易や資本取引）を考慮すれば，金融政策や財政政策の効果を見る場合，自国内だけでなく，「金利」や「為替レート」の動きを通じた経路（通貨の流れ）を見る必要があることをマンデル＝フレミングモデルは教えている。

　以上，海外部門を考慮した場合，当該国がどのような国際通貨制度（変動相場制度か固定相場制度か）を採用しているかによってマクロ経済政策の効果に違いがみられる。変動為替相場制度の下においては，財政政策は政策効果が弱められるが，金融政策は政策効果が強化される。他方，固定為替相場制度の下においては，財政政策は政策効果が強められるが，金融政策は政策効果が弱められる。

　結局，マンデル＝フレミング理論から，財政政策と金融政策の効果が変動相場制度の場合と固定相場制度の場合では全く違った逆の効果が導き出されていることが理解される（図表11－9を参照）。

第11章　外国為替レートと経済政策の効果

図表11－9　マクロ経済政策の効果

	変動相場制	固定相場制
拡張的財政支出政策	無効	有効
金融緩和政策	有効	無効

【注】

1）ＩＳ・ＬＭ分析は，ケインズの『一般理論』（1936年刊行）をベースとしてヒックス（J. R. Hicks）によって展開されたものである。J. R. Hicks, "Mr, Keynes and the Classics, A Suggested Interpretation", *Econometrica*, April 1937.
2）ケインズ理論では，価格や賃金の硬直性を前提として，総需要の大きさが一国全体の総生産水準（ＧＤＰ）や国民所得水準および雇用量を決めるという，所謂「国民所得」の決定メカニズムについて総需要サイドの視点に立却した理論展開がなされている。
3）R. A. Mundell, *International Economics*, Macmillan, 1968（渡辺太郎訳『マンデル国際経済学』ダイヤモンド社，1971年）及び J. Marcus Fleming, "Domestic Financial Policies under Floating Exchange Rate," *I M F Staff Paper*, 9 November 1962. を参照。
4）このような金利（利子率）の上昇による民間投資の抑制効果を「クラウディング・アウト」（crowding out）効果という。ここで，クラウディング・アウトとは「締め出し：押し出し」という意味があり，民間経済において市場金利（利子率）が上昇して，民間投資が抑制（締め出し）されることをいう。
5）この場合，国内から海外への資本流出により，国内のマネー・サプライ（通貨供給量）が減少して国内金利（利子率）rを上昇させる（②$r_1 \to r^*$）。

マクロ経済学の基本を解説。
マクロ経済学の最適な入門書！

マクロ経済学

末永 勝昭 著

著者略歴
1951年　佐賀県　生まれ
1980年　福岡大学大学院経済学研究科博士課程後期単位取得
現　在　九州共立大学経済学部教授
著　書
『現代マクロ経済学』共著　勁草書房　2000年

Ａ５判・上製カバー掛け・232 頁
定価 3,456 円（本体 3,200 円）
ISBN978-4-419-03399-6 C1033

マクロ経済学の理論的変遷とその課題を視野に入れて，マクロ経済学の理論的特徴を平明に，できるかぎり詳細に解説する。経済学を学ぼうとする初心者にとって最適な入門書。

§主な目次§

- 第１章　マクロ経済学の課題
- 第２章　マクロ経済学の基礎概念
- 第３章　国民所得決定のフレーム・ワーク
- 第４章　生産物市場の分析
- 第５章　投資決定の理論
- 第６章　国民所得決定のメカニズム
- 第７章　貨幣市場の分析
- 第８章　生産物市場と貨幣市場の同時均衡―ＩＳ・ＬＭ分析―
- 第９章　労働市場の分析

税務経理協会
〒161-0033
東京都新宿区　振替 00190-2-187408　電話（03）3953-3301（編集部）
下落合 2-5-13　FAX（03）3565-3391　　（03）3953-3325（営業部）

索　　引

【あ】

IS・LM曲線……………………… 181
　───分析…………………………… 182
　───モデル………………………… 180
IS曲線……………………………… 182
　───のシフト………………… 183, 184
IMF（国際通貨基金）……… 7, 103, 161
　───体制………………… 144, 148, 151
IT（情報技術）革命………… 3, 11, 95, 131
IBR（世界銀行）………………… 161
アジア通貨危機………………… 129, 157, 177
　───NIES（新興工業経済地域）……37
アジャスタブル・ペッグ制度……… 148, 151
ASEAN（東南アジア諸国連合）………37
アセット・アプローチ…………………… 127
アベノミクス………………… 65, 69, 70, 82
安全資産………………… 61, 65, 73, 81

【い】

イギリス病…………………………………29
ECB（欧州中央銀行）………………17
一物一価の法則…………………………132
一極集中型経済成長モデル……………3, 6
イノベーション………………… 23, 42
EU（欧州連合）…………… 4, 7, 159
インターバンク市場…………………47
インフレ期待………………………………70
インフレーション
　…………… 10, 20, 44, 91, 157, 167, 170, 176
インフレ・ターゲティング論… 62, 65, 67, 70

【う】

売りオペレーション………… 56, 170, 199

【え】

SNA（国民経済計算）………… 101, 103
FRB（連邦準備制度理事会）………58
FB（政府短期証券）………… 166, 171
LM曲線……………………………… 182
　───のシフト………………… 183, 186
円キャリートレード………………………39
円高対策……………………………………35
円高デフレ…………………………………24
円高不況………………………… 28, 34, 75

【お】

欧州危機……………………………………18
欧州中央銀行（ECB）………… 17, 159
欧州連合（EU）………… 4, 7, 16, 160, 161
欧州連合条約………………………………16
オープン市場……………………………47
　───システム……… 89, 191, 194, 196, 198
　───マクロ経済学……… 93, 94, 179, 188
　───マーケット・オペレーション……56

【か】

買いオペレーション
　…………… 56, 73, 172, 186, 193, 198
海外需要（外需）……… 58, 87, 92, 94 (32)
外貨準備増減………………… 103, 107
外貨準備高……… 25, 27, 38, 96, 158, 165, 177
外国通貨（外貨）建ての資産運用
　………………………………… 118 (127)
外国為替管理法（外為法）………… 139
外国為替銀行………………………………42
外国為替公認銀行（為銀）………… 139
　───資金証券（為券）………… 166

203

外国為替市場‥‥‥‥‥‥‥‥‥ 111, 117, 118, 164
外国為替相場（レート）‥‥ 111, 118, 136, 179
外国為替資金特別会計（外為特会）‥‥‥ 168
外国通貨（外貨）建て‥‥‥‥‥‥‥ 118, 122
外需‥‥‥‥‥‥‥‥‥‥‥‥‥ 24, 31, 92, 112
外需主導‥‥‥‥‥‥‥‥‥‥‥‥ 27, 31, 38
外部通貨‥‥‥‥‥‥‥‥‥‥‥‥‥‥ 49, 53
開放経済‥‥ 87, 94, 179, 188, 191, 194, 196, 198
価格・賃金の硬直性‥‥‥‥‥‥‥‥ 189, 201
拡張的財政支出政策‥‥‥‥‥‥‥‥ 190, 195
家計貯蓄率‥‥‥‥‥‥‥‥‥‥‥‥‥ 31, 40
過剰流動性‥‥‥‥‥‥‥‥‥‥‥‥‥‥ 62
可処分所得‥‥‥‥‥‥‥‥‥‥‥‥‥ 45, 97
カッセル（G. Cassel）‥‥‥‥‥‥‥ 132, 139
カップリング論‥‥‥‥‥‥‥‥‥ 7, 20, 43
株式市場‥‥‥‥‥‥‥‥‥‥‥‥ 47, 72, 78
貨幣市場‥‥‥‥‥‥‥‥‥‥‥‥‥ 180, 185
貨幣需要‥‥‥‥‥‥‥‥‥‥‥‥‥‥‥ 61
貨幣乗数‥‥‥‥‥‥‥‥‥‥‥‥‥‥‥ 53
貨幣数量説‥‥‥‥‥‥‥‥‥‥‥‥ 69, 186
為替介入‥‥‥‥‥‥‥‥‥‥‥‥‥‥‥ 151
為替政策‥‥‥‥‥‥‥‥‥‥‥‥ 25, 163, 170
為替損失（為替差損）‥‥‥‥ 26, 40, 166, 168
為替投機‥‥‥‥‥‥‥‥‥‥‥‥‥‥‥ 157
為替評価損（為替差損）‥‥‥‥‥‥‥‥ 166
為替利益（為替差益）‥‥‥‥‥‥‥ 158, 168
為替レート‥‥‥‥‥‥ 24, 27, 34, 58, 113, 117
　　　　　　　　　　　133, 159, 163, 179, 189
────の安定化‥‥‥‥‥‥‥ 54, 159, 163
────の三つの矛盾‥‥‥‥‥‥‥‥‥ 159
間接金融‥‥‥‥‥‥‥‥‥‥ 46, 59, 63, 76, 79
完全雇用生産水準‥‥‥‥‥‥‥‥‥‥‥ 71
管理された変動相場制度‥‥‥‥‥‥ 143, 160
管理通貨制度‥‥‥‥‥‥‥‥‥‥‥ 14, 146

【き】

機会費用‥‥‥‥‥‥‥‥‥‥‥‥‥‥‥ 61
機関投資家‥‥‥‥‥‥‥‥‥‥‥‥‥ 38, 47
危険資産‥‥‥‥‥‥‥‥‥‥‥‥‥‥‥ 73

基軸通貨‥‥‥‥‥‥‥‥‥ 9, 13, 141, 143, 148
────の特権‥‥‥‥‥‥‥‥‥‥‥‥ 13
技術進歩‥‥‥‥‥‥‥‥‥‥‥‥‥‥ 90, 92
技術水準‥‥‥‥‥‥‥‥‥‥‥‥ 32, 35, 88
規制‥‥‥‥‥‥‥‥‥‥‥‥ 30, 130, 135, 137
規制緩和‥‥‥‥‥‥‥‥‥‥ 10, 32, 66, 138
期待インフレ率‥‥‥‥‥‥‥‥‥ 38, 47, 70
基本的自己資本‥‥‥‥‥‥‥‥‥‥‥‥ 80
キャッチアップ‥‥‥‥‥‥‥‥‥‥‥ 22, 24
キャピタルゲイン‥‥‥‥‥‥‥‥ 72, 75, 130
キャピタルロス‥‥‥‥‥‥‥‥‥‥‥‥ 72
業界系列‥‥‥‥‥‥‥‥‥‥‥‥‥ 135, 137
競争原理‥‥‥‥‥‥‥‥‥‥‥‥‥‥‥ 138
協調介入‥‥‥‥‥‥‥‥‥‥‥ 136, 163, 176
ギリシャの財政危機‥‥‥‥‥‥‥‥‥‥ 152
────の財政問題‥‥‥‥‥‥ 18, 159, 173
金・ドル本位制度‥‥‥‥‥‥‥‥‥ 144, 148
均衡国民所得‥‥‥‥‥‥‥‥‥‥‥ 180, 182
均衡利子率‥‥‥‥‥‥‥‥‥‥‥‥‥‥ 181
近代的な為替レート理論‥‥‥‥‥‥ 125, 127
金平価‥‥‥‥‥‥‥‥‥‥‥‥‥‥‥‥ 144
金本位制度‥‥‥‥‥‥‥‥‥‥‥‥ 141, 144
金融緩和政策‥‥‥‥‥‥‥ 34, 75, 91, 173, 193, 198
金融資産‥‥‥‥‥‥‥‥‥‥‥‥‥ 98, 127
金融市場‥‥‥‥‥‥ 6, 34, 43, 46, 75, 91, 170, 190
────のグローバル化‥‥‥‥‥‥‥‥ 130
金融システム‥‥‥‥‥‥‥ 9, 46, 63, 75, 78
────　　改革‥‥‥‥‥‥‥‥‥ 75, 78
金融政策‥‥‥‥‥‥‥ 54, 58, 151, 156, 158
　　　　　　　　　　　164, 188, 193, 198, 200
────の効果（有効性）‥‥‥‥ 186, 193, 198
────の独立性‥‥‥‥‥‥‥‥‥‥‥ 159
金融のグローバル化‥‥‥‥‥‥‥‥‥ 8, 127
───の自由化‥‥‥‥‥‥‥‥ 59, 63, 78, 154
───の引き締め政策‥‥‥‥‥‥‥‥‥ 175
金融ビッグバン‥‥‥‥‥‥‥‥‥‥‥ 78, 82
金利‥‥‥‥‥‥‥‥‥‥‥ 54, 67, 128, 169, 189
金利政策‥‥‥‥‥‥‥‥‥‥‥‥‥‥ 55, 59
近隣窮乏化政策‥‥‥‥‥‥‥‥‥‥‥‥ 177

索　引

【く】

クラウディング・アウト… 184, 190, 192, 201
クリーン・フロート制度……………… 142, 150
クリントノミクス………………………… 11, 12
クリントン（W. J. B. Clinton）……… 11, 12
クルーグマン（P. Krugman）………………74
クレジットクランチ…………………………66
クローズド・システム……………………89, 198
グローバル経済化………3, 9, 40, 104, 192, 195

【け】

景気調整機能…………………………… 170
経済政策の効果（政策の有効性）… 179, 188
経済の安定化…………………… 54, 89, 155
経済のグローバル化……………… 3, 40, 43
経済の不安定化………………………… 90, 91
経常移転収支…………………… 105, 106
経常収支………………………93, 105, 110
　　───の赤字（輸入超過）
　　………………13, 95, 96, 101, 110, 112, 115
　　───の黒字（輸出超過）…31, 95, 98, 111
系列………………………… 30, 32, 135
ケインズ（J. M Keynes）
　………… 85, 91, 147, 159, 161, 179
現実経済成長率…………………………92
減税政策…………………………… 10, 14, 190
ケンブリッジ数量方程式………………………69

【こ】

交易条件………………………… 156, 161
公開市場操作政策……… 56, 63, 170, 193, 198
高コスト構造………………………32, 137
高出力通貨…………………… 53, 73, 177
構造改革…………………… 40, 66, 136, 137
構造問題（転換）……………………… 22（23）
公定歩合………………………… 55, 58, 63, 75
　　───操作政策（金利政策）……55, 58, 63
購買力平価説（ＰＰＰ）………… 125, 131

公募入札方式…………………………… 166
コール・マネー……………………………72
コール市場…………………………………47
国債……………… 17, 26, 39, 45, 56, 61, 81, 99
　　───金利……………………………… 189
　　───発行残高……………………………67
国際競争力………………36, 112, 137, 165, 177
国際決済銀行（ＢＩＳ）……… 80, 82, 117, 139
国際資本…………………… 6, 129, 160, 189
国際資本移動……… 130, 189, 191, 192, 194, 198
国際収支………………………………… 103
　　　　───調整機能……………………… 152
　　　　───の均衡……………………… 25, 54
国際通貨…………………… 13, 141, 143, 148
国際通貨基金（ＩＭＦ）……… 7, 103, 115, 148
国際通貨制度…………………… 141, 189, 200
　　　　　　───の三位一体説…………… 158
国際復興開発銀行（ＩＢＲＯ）………… 161
国内需要（内需）………58, 87, 94, 100, 191
国内総支出（ＧＤＥ）……………………97
国内総生産（ＧＤＰ）……85, 93, 97, 166, 180
国内投資…………………………26, 39, 40
国内利子率（金利）…………… 189, 191, 196
国民経済計算（ＳＮＡ）……97, 101, 103, 126
国民所得（ＮＩ）…40, 85, 86, 93, 97, 166, 180
コストインフレ…………………………20
護送船団行政………………………………79
固定為替相場制度…… 117, 141, 148, 151, 195
　　　　　　───の景気仲介効果……… 157
固定レート……………………… 142, 151, 196, 199
古典的な為替レート決定理論……… 125, 131
古典派経済学…………………………… 186

【さ】

サービス収支…………………… 105, 106
債権大国………………………39, 95, 96, 112
財政支出政策………………………………91, 190
財政収支の赤字……… 14, 67, 96, 99, 101, 159
財政政策…………… 151, 158, 183, 190, 200

205

財政政策の効果（有効性）
　………………… 183, 190, 195, 197, 200
財政の安定性………………………… 17
財政の崖（財政赤字）……………… 67
裁定取引 ……………… 130, 154, 158
最適税負担率 ……………………… 14
最適通貨圏 ………………………… 152
債務大国 ……………………… 95, 112
財務テクノロジー（財テク）… 34, 130
裁量型行政 ………………………… 79
再－連動論 ………………………… 8, 20
サブプライムローン ……… 5, 6, 41, 43, 65
サプライサイド …………………… 10
産業構造の転換（変化）
　……………………… 23, 24, 41, 138（187）
産業障壁 …………………………… 137
産業の空洞化 …………… 28, 32, 36, 40

【し】

Jカーブ効果 ……………………… 113
時間軸政策 …………………… 60, 64
自国通貨（邦貨）建て ……… 118, 120
自国通貨（邦貨）建て資産運用 … 127
自己資本 ……………………… 48, 80
自己資本比率 ……………… 66, 75, 79
資産アプローチ …………………… 127
資産インフレ（資産デフレ）
　……………………… 34, 75（34, 61）
市場介入 …………… 38, 142, 163, 169, 199
市場開放 …………………………… 138
市場金利 ……………… 164, 169, 173, 201
市場利子率 …………… 180, 190, 201
市中銀行 ……………… 49, 53, 73, 165, 169
失業 …………………………… 91, 177
失業の輸出 ………………………… 177
実質為替レート …………… 133, 135
実質金利 …………………………… 62
実質利子率 ……………… 67, 68, 70, 180
GDPギャップ …………………… 92

支払い準備金 ……………………… 51
支払い準備率（預金準備率）… 52, 55, 57
支払い準備率操作政策 ……… 55, 57
資本移動の自由化 ………………… 159
資本市場 ……………… 35, 46, 63, 79
─── の自由化 ………………… 130
資本収支 ……………… 105, 107, 110, 128
資本収支の赤字 ……… 33, 99, 109, 110
資本ストック ……………………… 91
資本蓄積量 ……………… 88, 90, 92
資本輸出国（債権国）…………… 110
資本輸入国（債務国）…………… 110
自由貿易論 ………………………… 42
出資 ………………………………… 48
シュンペーター（J. A. Schumpeter）…… 41
証券市場（証券投資）……… 47（107, 124）
小国経済モデル …………………… 189
乗数効果 ……………… 184, 186, 187
消費者物価指数 ……… 22, 59, 60, 64
消費税率 ……………………… 22, 41
情報技術（IT）革命 … 9, 11, 36, 95, 131
情報スーパーハイウエイ構想 …… 12
所得収支 …………………………… 106
新興経済国（BRICs）…… 4, 7, 41, 43, 65
信用乗数 …………………… 51, 77
信用創造 ……………… 49, 50, 51, 76, 81, 169

【す】

数量調整政策 ……………………… 59
スタグフレーション ……………… 9

【せ】

政策金利 ……………………… 54, 58, 73
政策の効果 …………………… 179, 180
　── の有効性 ………………… 179
生産物市場 ………………………… 180
政府債務残高 ……………………… 41
政府短期証券（FB）…… 47, 166, 168, 171
世界金融危機 ……………… 6, 7, 43, 161

索　引

世界経済の不均衡問題……13, 19, 95, 111, 113
世界通貨（バンコール）…………… 152, 159
世界同時不況………………5, 6, 41, 43, 66
世界の消費センター………………………5
世界利子率（世界金利）………189, 191, 194
石油危機（石油ショック）…………20, 22, 33
絶対的購買力平価説…………………… 131
ゼロ金利政策……………………60, 67, 70
潜在生産力………………………… 22, 90
潜在的供給能力…………………… 88, 90
潜在的経済成長力………………88, 90, 91
全要素生産性（TFP）……………………92

【そ】

総供給………………………………86, 93
総需要…………………………58, 86, 93
総需要管理政策………………22, 91, 147
相対的購買力平価説…………………… 132

【た】

ダーティー・フロート制度…………143, 150
対外債務…………………………… 14, 107
対外資産……………………… 25, 107, 112
対外純資産………………………39, 96, 106
対外投資…………………………… 24, 40
貸借対照表………………………… 74, 168
対内投資…………………………… 24, 40
兌換紙幣………………………………… 144
多極分散型経済成長モデル………………3, 6
他人資本………………………………… 48
短期金融市場……………………… 46, 47
単独介入………………………………… 163

【ち】

中央銀行………… 44, 47, 49, 54, 142, 151, 163
　　　　　　　　169, 171, 186, 193, 199
超過供給……………………………91, 182
超過需要……………………………91, 182
長期金融市場……………………… 46, 47

直接金融…………………………46, 59, 63, 79
直接投資……………………… 107, 110, 124
貯蓄・投資バランス…………………97, 102

【つ】

通貨供給量（マネー・サプライ）
　　　……………7, 44, 49, 59, 147, 155, 169, 182
通貨当局………… 44, 54, 142, 151, 163, 169
通貨の収縮（通貨縮小）…… 44, 77, 168, 171
通貨の膨張………………………………44
通貨暴落………………………… 13, 158, 177

【て】

デーカップリング論………………… 7, 19, 20
TFP（全要素生産性）…………………92
低金利政策…………………………34, 176
低成長経済………………………………35
デフレーション… 22, 33, 44, 62, 137, 165, 171
デフレ期待………………………………71
デフレギャップ…………………………72
デフレ・スパイラル…22, 38, 41, 62, 67, 68, 72
　　　　　　　　―の罠………………28, 68
伝統的金融政策…………………………59

【と】

統一通貨…………………………4, 16, 152, 159
投機…………… 65, 125, 129, 130, 154, 160, 163
投機的需要………………………………61
投機的要因による為替レートの決定…… 129
当座預金………………………50, 51, 62, 64, 73
投資収支……………………………… 107
土地本位制………………………………35
取引制限…………………………………135
ドル・ペッグ制…………………157, 161, 178
ドル高是正政策……………………23, 113, 136
ドル暴落…………………………………96

【な】

内外価格差………………………… 135, 136

207

内需……………………24, 25, 31, 58, 94, 100, 138
内需主導………………………………… 27, 32
内部通貨………………………………… 49, 53

【に】

ニクソン・ショック………………14, 146, 149
日銀当座預金残高………………59, 63, 65, 178
日米経済不均衡……………………………95
　――摩擦……………………………11, 13, 14
日米貿易摩擦………………………………11
日本銀行…47, 49, 55, 58, 62, 164, 169, 171, 193
ニュー・エコノミー………………… 9, 11, 95
ニュービジネス…………………………12, 138

【ね】

ネットワーク市場……………………… 139

【は】

ハイ・パワード・マネー…… 49, 53, 193, 198
派生的預金…………………………………51
バブル景気…………………………………34
　――経済………… 21, 23, 28, 75, 101, 130, 176
　――崩壊……………… 21, 28, 35, 77, 81, 101
バランスシート………………67, 74, 77, 168

【ひ】

ＢＩＳ（国際決済銀行）………75, 80, 82, 117
ＢＩＳ規制・基準………………… 75, 79, 80
ＰＰＰ（購買力平価説）………………… 131
比較生産費の理論…………………………42
ヒックス（J. R. Hicks）………………… 201
非伝統的金融政策……………… 35, 65, 59, 62
非不胎化介入政策……………………169, 172
非貿易財……………………… 136, 137, 139
非－連動（分離）論……………………… 7

【ふ】

フィッシャー（I. Fisher）…………………69
フィッシャー効果…………………………70

不胎化介入政策………………… 166, 169, 170
双子の赤字……………… 5, 9, 12, 14, 19, 96, 101
物価……………………………44, 54, 136, 137
物価水準………………………………… 180
物価の安定性………………………… 17, 170
物価変動……………………… 44, 68, 157, 131
プラザ合意…9, 11, 23, 27, 34, 75, 113, 136, 176
ブラックマンデー…………………… 11, 13
フリードマン（M. Friedman）……………73
ＢＲＩＣｓ（新興経済国）…………… 4, 7, 41
不良債権………………… 60, 63, 66, 81, 101
ブレトンウッズ体制……… 144, 146, 147, 161
フレミング（J. M. Fleming）……… 179, 188
フロー・アプローチ………………………125
フロート制度……………………117, 142, 150
ブロック経済…………………………… 147

【へ】

平価………… 142, 151, 152, 157, 160, 196, 199
平価切り上げ…………………………… 152
平価切り下げ……………………… 152, 158
閉鎖経済……………88, 179, 190, 193, 195, 198
ベース・マネー…49, 53, 76, 164, 169, 193, 198
ベンチャー企業，ベンチャービジネス
　………………………………12, 25, 138, 187
変動為替相場制度…… 117, 142, 149, 150, 189
変動為替相場制度の景気隔離効果……… 154

【ほ】

貿易財産業………………… 24, 34, 135, 136, 137
貿易収支………………………………105, 110
貿易収支の赤字……………………… 14, 105
貿易摩擦………………………………35, 112
法定準備金…………………………………57
法定平価………………………………… 160
ボーダーレス経済化………………… 7, 9, 19
補完的自己資本……………………………80
本位通貨………………………………… 144
本源的預金……………………………… 51, 52

索　引

ポンド危機……………………………… 129

【ま】

マーシャルのk ……………………………69
マーストリヒト条約………………………17
マクロ経済政策……………91, 147, 148, 179
　　　　──の効果…… 179, 183, 189, 200
マクロ不均衡………………………………94
窓口規制……………………………………73
マネー・サプライ
　…44, 49, 70, 147, 155, 164, 169, 182, 193, 198
マネージド・フロート制度………… 143, 150
マネタリスト………………………………66
マルチメディア……………………………43
マンデル（R. A. Mundell）………… 152, 179
マンデル・フレミングモデル……… 188, 189

【み】

民間経済モデル……………………………88
民間投資の締め出し………………… 190, 201

【む】

無担保コール翌日物金利……… 47, 60, 64, 73

【め】

名目為替レート………………………… 135
名目金利の非負制約………………………68
名目利子率…………………… 67, 68, 70, 180

【ゆ】

有価証券…………………… 46, 48, 72, 80, 168
有効需要…………………………… 58, 92, 180
　　　──政策……………………………… 186
　　　──の原理………………… 85, 91, 147
融資…………………………………………48
ユーロ……………… 4, 16, 152, 159, 160, 178

輸出主導の経済構造………………………32
輸出超過（純輸出）………………………94
輸出の罠………………………………26, 36
輸出割当……………………………………27
輸入インフレ………………… 167, 175, 176
輸入制限……………………………… 137, 177
輸入代替産業…………………………… 154
輸入超過（純輸入）………………………94

【ら】

ラッファー（A. Laffer）…………………14
ラッファー理論……………………………14

【り】

リーディング産業…………………………25
リーマンブラザーズ証券……… 5, 6, 41, 43
リカード（D. Ricardo）……………………42
リーカップル論………………………… 8, 20
利子率………………… 180, 181, 186, 200
リスク資産……………………… 61, 64, 80
流動性選好………………………… 180, 186
流動性の罠…………… 61, 63, 67, 68, 71, 187
量的金融緩和政策……………… 60, 62, 64

【る】

ルール型金融行政…………………………79

【れ】

レーガノミクス……………………………10
レーガン（R. W Reagan）………… 5, 10, 33
連邦準備制度理事会（FRB）……………58

【ろ】

労働力……………………………………88
労働力人口……………………………… 90, 92
ロシア通貨危機………………………… 129

209

著者略歴

末永勝昭（すえなが まさあき）

1951年　佐賀県　生まれ
1980年　福岡大学大学院経済学研究科博士課程後期単位取得
教　歴　九州共立大学経済学部教授，福岡大学経済学部等非常勤講師（兼任），現在，北九州市立大学経済学部非常勤講師
著　書
『マクロ経済学』税務経理協会　1999年
『現代マクロ経済学』共著　勁草書房　2000年

著者との契約により検印省略

平成25年10月25日	初版第1刷発行
平成27年5月25日	初版第2刷発行
平成29年5月25日	初版第3刷発行

国際マクロ経済学
―世界経済の動向と日本経済―

著　者	末　永　勝　昭
発行者	大　坪　嘉　春
製版所	株式会社ムサシプロセス
印刷所	税経印刷株式会社
製本所	牧製本印刷株式会社

発行所　東京都新宿区下落合2丁目5番13号　株式会社 税務経理協会
郵便番号 161-0033　振替 00190-2-187408　電話 (03) 3953-3301 (編集部)
FAX (03) 3565-3391　　　　　　　(03) 3953-3325 (営業部)
URL http://www.zeikei.co.jp/
乱丁・落丁の場合はお取替えいたします。

Ⓒ　末永勝昭　2013　　　　　　　　　　Printed in Japan

本書の無断複写は著作権法上での例外を除き禁じられています。複写される場合は，そのつど事前に，(社)出版者著作権管理機構（電話 03-3513-6969，FAX 03-3513-6979, e-mail: info@jcopy.or.jp）の許諾を得てください。

JCOPY ＜(社)出版者著作権管理機構 委託出版物＞

ISBN978-4-419-05991-0　C3033